Schirner
Verlag

SUSANNE HÜHN

Was dir KRAFT gibt

Kleine Rituale für das tägliche Glück

Schirner
Verlag

ISBN 978-3-8434-1240-7

Susanne Hühn: | Umschlag: Murat Karaçay, Schirner
Was dir Kraft gibt | Layout: Simone Fleck, Schirner,
Kleine Rituale für das tägliche Glück | unter Verwendung von # 340999001
© 2004, 2010, 2016 Schirner Verlag, | (Fafarumba), www.shutterstock.com
Darmstadt | Lektorat: Claudia Simon, Schirner
| Printed by: Ren Medien GmbH, Germany

www.schirner.com

9., überarbeitete Auflage März 2016

INHALT

REINIGUNG: DEINE GRENZEN NEU ZIEHEN UND BEWAHREN LERNEN

SELBSTBESTIMMUNG, HEILUNG UND SPIRITUELLE KRAFT

VORWORT

Liebe Leserin, lieber Leser, ich weiß nicht, wo Sie sich gerade befinden, wie Sie heißen, wie alt Sie sind oder wie Sie leben. Auch Sie wissen nur wenig von mir – den Namen und vielleicht noch, was ich beruflich mache. Wir haben etwas gemeinsam, das viel wichtiger ist als diese Daten, und das freut mich sehr. Genau wie ich haben Sie sich offensichtlich auf den Weg gemacht zu mehr Lebensfreude und innerer Freiheit, zu mehr Energie und Gesundheit. Und genau wie ich haben Sie auf gewisse Weise genug von der Art, wie Sie Ihr Leben bis zu diesem Zeitpunkt verbracht haben.

Sie werden auf diesen Seiten verstehen lernen, auf welche Weise Sie anderen immer wieder erlauben, Ihnen Energie zu rauben, und was Ihnen hilft, wenn es nun einmal geschehen ist. Ich werde auch versuchen, Ihnen aufzuzeigen, wie Sie selbst vielleicht anderen Energie entziehen (das holt Sie aus der Opferrolle heraus).

Sie werden eine Menge über Dinge lesen, die Sie tun können, um Ihre Energie zu steigern, aber auch eine Menge über Dinge, die Sie besser lassen sollten.

Das Beste, was Sie überhaupt für sich tun können, ist, Ihrer Kreativität zu folgen und dem, worauf Sie Lust haben und was Ihnen Freude macht. Aber wenn wir zu ausgebrannt sind, spüren wir oft nicht mehr, was uns wirklich guttut. Deshalb möchte ich Ihnen auf diesen Seiten ein paar Anregungen geben.

Ich werde mit Ihnen auch über »Drogen« für Ihre Energie reden – Dinge, die zwar den schnellen

Energiekick versprechen, Ihnen auf lange Sicht jedoch schaden. Ganz besonders möchte ich Sie aber mit dem Gedanken vertraut machen, dass es Ihnen auf bestimmte Weise auch dient, sich immer wieder so auslaugen zu lassen, sonst würden Sie es nämlich gar nicht zulassen. Wenn Ihnen das nicht klar ist, haben Sie vielleicht nicht die Ausdauer, die vorgeschlagenen Methoden zu nutzen, denn es erfordert einen gewissen Kraftaufwand, sich überhaupt in Bewegung zu setzen. Oder Sie machen zwar die Übungen, geben Ihre Kraft aber sofort wieder ab, um die Firma, den Partner oder Ihre Eltern zu »retten«.

Verstehen Sie: Es darf Ihnen eben nicht dienen, energetisch völlig am Ende zu sein, auch nicht unterschwellig. »Tut es ja nicht«, denken Sie jetzt vielleicht, »was schreibt die bloß?« Aber lesen Sie bitte noch etwas weiter: Solange wir diesen ausgebrannten Zustand nämlich benutzen, um unsere Umwelt zu tyrannisieren (»Schau, was ich alles für dich tue. Kannst du nicht einmal für mich da sein?«), werden wir uns dagegen wehren, ihn aufzugeben – selbst wenn wir es möchten. »Sekundärgewinn« nennen das die Psychologen. Aber das ist eine unglaublich anstrengende Art zu leben.

Es ist natürlich schwierig, manchmal fast unmöglich, zuzugeben, besonders vor sich selbst, dass unser ach so selbstloses und hilfsbereites Verhalten eine Art Kontrolle darstellen könnte. Es zerstört das Bild des hilfreichen Engels, der in eine kalte Welt hineingeboren wurde und jetzt leidet. Und doch ist es so: Wenn ich nicht aus dem Herzen gebe, dann gebe ich aus Angst.

Wenn Sie das Gefühl haben, Sie geben und geben, und der, dem Sie geben, tut nicht einmal etwas für Sie, dann sollten Sie sich ein paar Fragen stellen:

Erstens: Stimmt das? Oder sehe ich nur nicht, was ich vom anderen bekomme, weil ich selbstsüchtig darauf bestehe, dass es genau das sein muss, was ich mir vorstelle?

Zweitens: Wenn das wirklich stimmt, was mache ich dann noch hier? Wieso koche, bügle, wasche ich, wieso höre ich zu, wieso mache ich Überstunden wie verrückt? Wozu tue ich mir das überhaupt an?

Das ist keine rhetorische Frage. Darauf gibt es eine Antwort, die Sie kennen sollten, damit Sie darüber entscheiden können, was Sie wirklich wollen.

Vielleicht glauben Sie, Sie leisten durch diese Selbstaufopferung Ihren Beitrag? Als wäre da ein geheimes Konto, auf das Sie nur lange genug einzahlen müssen, damit Sie sich irgendwann vollkommen sicher, geliebt und geborgen fühlen können? Sie glauben, wenn Sie so viel für ihn/sie, die Firma, Ihre Mutter, Ihren Vater, den Chef, die Familie oder Gott tun, dann wird er/sie Sie nicht verlassen können, dann sind Sie für den Rest Ihres Lebens sicher.

Kennen Sie das? Das ist ein Teil der alten Lehre unserer Kirchen: Leide im Leben, dann bist du im Himmel glücklich. Also mein Gott findet das nicht so sinnvoll. Es stimmt nämlich nicht, und der Preis ist absurd hoch: Wir werden immer abhängiger vom anderen, geben immer mehr. Wir geraten in eine Schleife, die zu immer mehr Kontrolle und Angst führt. Wir geben unser eigenes Leben mehr und mehr auf, bis wir schließlich überhaupt nicht mehr wissen, wer wir eigentlich sind.

Doch irgendwann, wenn wir das überhaupt überleben – viele von uns tun das nicht, werden süchtig nach einem Stoff, bekommen tödliche Krankheiten, ziehen Unfälle dem Leben vor –, haben wir genug. Wir ziehen uns am eigenen Schopf aus dem Sumpf der Selbstverachtung und beginnen, unsere Einzelteile wieder zusammenzusetzen.

Wir lernen – vielleicht mühsam – zu wählen. Wir lernen, selbst zu bestimmen, was wir in unserem Leben haben wollen und was nicht.

Und wenn wir wissen, wir sind frei, selbst zu entscheiden, dann können wir freudig und kraftvoll die Verantwortung für unser Leben übernehmen. Denn dann wissen wir, wir haben die Erlaubnis, unser inneres Ja und unser tiefes Nein wahrzunehmen und danach zu handeln.

Und genau darum geht es in diesem Buch.

Ich werde Sie im weiteren Verlauf dieses Buches mit »du« ansprechen, ich hoffe, das ist Ihnen recht.

EINFÜHRUNG

Lasse uns da beginnen, wo alles angefangen hat: Stelle dir vor, du befindest dich auf einem wunderschönen Stern irgendwo im All. Du selbst bestehst aus Licht und Farbe, du fühlst dich verbunden mit der Schöpfung, mit dem, was du unter Gott verstehst. Du bist voll Energie, Kraft und Lebendigkeit. Du nimmst deine Verbindung zu all den anderen Wesen wahr, die dort leben, und du weißt, dass die Grundlage allen Lebens Liebe ist. Du fühlst dich eins mit allen Wesen, sie sind dir vertraut, du brauchst nie etwas zu erklären, weil jeder direkt in dein Herz sehen kann.

Du bist glücklich, hast weder Schmerzen noch Sorgen. Du bist frei, ruhig, geborgen und fühlst dich innig geliebt. Du bist vielleicht wie ein Farbwirbel, eine Wolke, wie ein Engel – du hast keinen Körper, und alles ist leicht und einfach. Es gibt nichts zu tun, keine Ziele zu verfolgen, alle Wesen leben um des Lebens willen, nicht, um etwas zu erreichen. Du wirst genährt mit purer Lebensenergie, die sich überall befindet. Du kannst dich ganz einfach mit anderen verbinden und behältst dennoch dein Gefühl für deine eigene Kraft, für deine Seele.

Es gibt keinen Hass, keinen Zorn, kein Leid.

»Das Paradies«, denkst du? Ja. Und deine spirituelle Heimat.

Und nun hörst du, da gibt es einen Planeten mit Wesen, die einen Körper haben und die alles, was du bislang nur als Energieform kennengelernt hast, verwirklichen können, verwirklichen im wahrsten Sinne des Wortes: wirksam werden lassen. Du bist eine sehr mutige Seele und wirst neugierig. Vielleicht fragst du dich, was das sein soll, ein Körper, und wie sich das anfühlt. Und irgendwie zieht dich die Idee magisch an.

Stelle dir vor, du berätst dich mit deinen Freunden, den Lehrern, die dich auf deinem Weg begleiten, deiner Familie, den Wesen, mit denen du am innigsten verbunden bist, und sie reden dir zu, diese Erfahrung zu machen. Sie sagen dir ihre Unterstützung zu und versprechen, immer mit dir verbunden zu bleiben, während du dich aufmachst, dich in das Abenteuer »Leben auf der Erde« zu stürzen – voller Mut, Neugier, Liebe und Freude.

Du entscheidest dich also, zur Erde zu kommen und ein Mensch zu werden. Einfach deshalb, weil es diese Daseinsform gibt und du alles, was das Universum zu bieten hat, kennenlernen willst.

Du machst dich auf die Reise, verbindest dich probehalber mit der einen oder anderen Pflanze, um einen Eindruck davon zu bekommen, was es heißt, aus »fester Materie« zu bestehen.

Du schwebst vielleicht ein bisschen in der Erdatmosphäre herum, um alles von oben zu beobachten, doch eines Tages spürst du, es ist so weit, und du verbindest dich mit einem menschlichen Körper, der zu entstehen beginnt.

Und nun fangen bei den meisten Seelen die Schwierigkeiten an: Du vergisst auf einmal, wer du bist. Du glaubst plötzlich nur noch an das, was du mit deinen nun ziemlich unentwickelten Augen sehen kannst, und lediglich eine vage Sehnsucht verbindet dich noch mit deinem Ursprung. Du fühlst dich nicht mehr angeschlossen an den unendlichen Fluss von Lebensenergie, sondern beginnst, an Armut und Mangel zu glauben. Warum? Weil es Mangel und Armut gibt, das gehört zu den Erfahrungen als Mensch. Und noch etwas gehört dazu. Du hast auf einmal Gefühle. Als Mensch bist du in erster

Linie ein wahrnehmendes, fühlendes Wesen, kein denkendes, bewusstes. Das Gehirn ist einfach noch gar nicht entsprechend ausgereift, wenn du ein Kind bist.

Du bist plötzlich allein in deinem Körper, und du brauchst Dinge wie Nahrung, Sauerstoff, Wärme und Licht. Du kommst dir auf einmal sehr verletzlich vor, und das bist du auch. Es gibt Zustände wie Schmerzen, Hunger, Krankheit, und du kannst sogar sterben. Vielleicht hast du bereits im Bauch deiner Mutter diese Erfahrung gemacht, dir zum Beispiel die Nabelschnur um den Hals gewickelt. Vielleicht hatte deine Mutter einen Unfall oder einen schlechten Tag, und die Versorgung floss nicht so, wie du es gebraucht hättest. Das ist für eine Seele ein ziemlicher Schock.

Was passiert nun?

Du beginnst, Wege zu suchen, um genährt zu werden, bemerkst, dass du manchmal etwas dafür tun musst, und sei es auch nur, indem du auf dich aufmerksam machst. Du schreist zum Beispiel, wenn deine Mutter nicht im Zimmer ist, damit sie dich mit Nahrung, Liebe und Wärme versorgt.

Und irgendwann nimmst du entsetzt wahr, dass sie nicht immer kommt, weil auch sie ein Mensch ist und manchmal einkaufen oder ins Bad gehen muss.

Diese Dinge passieren nun einmal: Mutter verlassen das Zimmer, gehen arbeiten und bekommen noch andere Kinder, ob wir das aushalten oder nicht. Sie können nicht anders, sie haben ein eigenes Leben.

Es lässt sich nicht vermeiden, dass sie uns hin und wieder verlassen und uns von ihrem Energiestrom abschneiden. Manchmal sterben Mütter sogar bei der Geburt, sie geben ihr Baby weg, oder das Kleine ist so krank, dass es in ein Krankenhaus muss.

Das alles passiert, auch wenn es uns einen noch so großen Schock versetzt.

Du bist plötzlich keine lichtvolle Seele mehr, die frei von Nöten ist, sondern ein emotionales, zutiefst abhängiges Wesen, das jemanden braucht, der ihm in jeder Hinsicht Sicherheit gibt.

So ein kleines Baby kann nur überleben, wenn es bereit ist, alles zu tun, was in seiner Macht steht, um nicht verlassen zu werden. Das macht bis zu einem gewissen Grad nichts, die Psyche ist sehr widerstandsfähig. Aber, und das ist das Problem: Du hörst auch dann nicht auf, alles zu tun, was nötig ist, damit du nicht verlassen wirst, wenn du erwachsen bist. Warum? Weil ein Teil von dir noch immer glaubt, er wäre so abhängig von anderen, wie du es als Baby warst. Das nennt man das »Innere Kind«, und es bestimmt maßgeblich dein Verhalten.

Du verbietest du dir zum Beispiel, deine innere Wahrheit zu sagen, Nein zu sagen, wenn du etwas nicht willst. Du wirst dich von der Tante küssen lassen, obwohl du es hasst. Du wirst dich von deinem Chef anschnauzen lassen, obwohl er im Unrecht ist. Du wirst für andere da sein, auch wenn du dich damit selbst aufgibst. Damit gehörst du zum Club der allzu Netten, derjenigen, die immer zur Stelle sind, wenn es jemanden zu fahren, etwas zu backen oder jemandem zu helfen gilt – egal, wie es ihnen selbst gerade geht.

Du gibst dich selbst, dein Leben, deine Wahrheit, deine Art, Dinge zu tun, für ein tiefer liegendes Bedürfnis auf, nämlich das Bedürfnis, für immer versorgt zu sein. Das ist deine Art, Verantwortung für dich zu übernehmen: Du sorgst für dich – aber um welchen Preis?

Du lässt dich vielleicht wider besseres Wissen auf jemanden ein und ignorierst all deine inneren Warnleuchten. Du bist unglaublich nett und denkst, dass du eben niemandem wehtun willst. Wären doch nur alle wie du, dann wäre die Welt ein friedlicher Ort, denkst du vielleicht ganz im Geheimen. Das würdest du natürlich nie sagen, denn das könnte andere dazu veranlassen, dich weniger zu mögen.

Du hast vielleicht eine Menge Tricks drauf, um schön und verführerisch zu sein. Vielleicht bist du »super im Bett«, doch nicht, weil es dir wirklich Spaß macht, sondern weil es deine Art ist, dafür zu sorgen, nicht verlassen zu werden.

Erlaubt sich dennoch einer, dich zu verlassen, reagierst du vielleicht wie ein Baby: Du flehst und erniedrigst dich, bettelst um Liebe, anstatt ihn (den Mann, den Job, die Wohnung) ziehen zu lassen. Oder du leidest stumm. Niemand wird sich mehr trauen, dich zurückzuweisen, denn deine Reaktion ist so voller Leid und Schuldzuweisungen, dass man sich schäbig vorkommt, eine so liebenswerte Person wie dich zu verlassen, sie zu entlassen oder ihr die Wohnung zu kündigen. Damit hast du scheinbar, was du brauchst ...

Weil du als Baby so abhängig bist, kann es sein, dass du erlebst: »Ich muss nehmen, was ich kriegen kann, um nicht zu verhungern, egal, wo es herkommt.« (Damit meine ich seelisches und körperliches Verhungern.)

Das sind die geborenen Opfer und Räuber zugleich. Mit dieser Energie wirst du sofort emotional abhängig, wenn irgendjemand nett zu dir ist, dir zuhört oder mit dir schläft. Und wenn jemand dir nicht geben will, was du brauchst, benutzt du »sanfte Gewalt«, um den anderen zu kontrollieren und ihn wie eine Spinne in deinem Netz gefangen zu halten. Damit hast du eine Art Energiespardose und fühlst dich einigermaßen sicher. »Sanfte Gewalt« (»sanft« und »Gewalt« schließen sich gegenseitig völlig aus, ich benutze diesen Begriff nur, um dich nicht zu erschrecken) kann auch sein, dass du dem anderen nicht erlaubst, ein Gespräch zu beenden, ihn am Telefon immer wieder mit einer Frage festhalten willst, ein Nein nicht akzeptierst oder ihn schlicht und einfach nicht tun lassen kannst, was er möchte.

Außerdem kann es sein, dass du des Öfteren Verstopfung hast oder nichts wegwerfen kannst. Du gibst dich mit Almosen zufrieden, verharrst in Beziehungen, die dich nicht nähren, oder machst fürchterliche Jobs, bei denen du viel zu wenig verdienst.

Auf der anderen Seite reißt du vielleicht in jedem Gespräch die Aufmerksamkeit an dich, hältst es nicht aus, nicht im Mittelpunkt zu stehen, und bist manchmal ziemlich besserwisserisch und laut.

Du erträgst es nicht, wenn jemand etwas besser kann oder weiß als du, und wirkst vielleicht manchmal ein wenig großspurig.

Du wirst lieber krank, um dir die Hilfe und die Kraft der anderen zu sichern, als für dich selbst zu sorgen, und dir ist so ziemlich jedes Mittel recht, um andere zu manipulieren.

Erinnern wir uns daran, dass am Anfang der Hilfeschrei des Babys war, das Angst hatte, zu verhungern, nichts weiter. So hört er sich dann in der »erwachsenen« Variante an. Wenn du das im Hinterkopf behältst, kannst du dann wirklich noch darüber urteilen?

Vielleicht sieht die Erfahrung des Babys auch so aus: »Ich muss mich furchtbar anstrengen und schnell groß werden, damit ich niemanden mehr brauche.«

Hier haben wir die Starken, Furchteinflößenden, die man am liebsten aus der Ferne bewundert, weil man sich in ihrer Gegenwart plötzlich klein, schwach, entsetzlich dick oder langweilig vorkommt.

Das sind die unabhängigen, im Beruf meistens sehr erfolgreichen Menschen, denen nichts größere Angst macht, als irgendwann Hilfe zu brauchen. Sie quälen sich lieber fast zu Tode, als zuzulassen, dass ihnen jemand hilft – sie wollen eben nie wieder abhängig sein und dann verlassen werden.

Nur ja nie krank und alt werden, ist dein Motto, wenn du zu diesen Menschen zählst. Du treibst vielleicht sehr viel Sport, ernährst dich gesund, lässt dich aber nie massieren. Das könnte ja wieder zu Abhängigkeit führen. Du ziehst deinen Umzug lieber allein durch, bevor du um Hilfe bittest, und wenn es sich doch nicht vermeiden lässt, tust du es beinahe barsch. Schon gar nicht aushalten kannst du es, wenn der andere daraufhin Nein sagt. Dann schämst du dich, überhaupt gefragt zu haben. Du wusstest doch gleich, du machst es lieber allein, denkst du, anstatt einen anderen zu bitten.

Man wird richtig wütend, wenn man einem Menschen mit diesem inneren Programm begegnet, weil man sieht, wie sehr er sich quält. Man möchte ihm unbedingt helfen, denn offensichtlich ist niemand für ihn da, sonst müsste er ja nicht alles allein machen.

Doch nachdem du dir öfters eine Abfuhr geholt hast, wenn du Hilfe angeboten hattest, ziehst du dich verschreckt zurück. Offensichtlich bist du zu unscheinbar und dumm, um diesem Halbgott Unterstützung sein zu können, und nur Versager können den Eichenholzschrank nicht allein die Treppe hochwuchten.

Oder das Baby hilft sich auf diese Weise: »Ich atme einfach nicht mehr, bis wieder jemand kommt.«

Dadurch fühlt es die Todesangst weniger. Es richtet sich sozusagen häuslich im Verhungern ein.

Du wirst dir vielleicht nie einfach mal »etwas gönnen«, wenn du diese Erfahrung gemacht hast, wirst das Gefühl haben, es ist nie genug für dich da, wähnst dich immer im Mangel. Du siehst zwar, dass es wunderschöne Erfahrungen gibt, aber nicht für dich. Zu groß ist die Gefahr, dass du an den alten Schmerz und die Todesangst rührst, wenn du dich doch einmal für die Schönheit und die Fülle des Lebens öffnest. Und so wirkt die sogenannte Schmerzvermeidung, die eine der wichtigsten Hirnfunktionen bildet, und trennt dich auch weiterhin von allem ab, was dich an die vernichtenden Gefühle deiner Kindheit erinnern könnte.

Du fühlst dich, als stündest du an einem Zaun und schautest den anderen beim Spielen zu.

Du bekommst sofort Angst, wenn du etwas Geld für dich selbst ausgibst, dich entspannst oder es dir sonst gut gehen lässt. Du willst dich erst gar nicht wieder daran gewöhnen, genährt zu werden. Du verharrst im Mangel und träumst vielleicht von einem Leben als Bettelmönch. Damit wärst du auf der sicheren Seite: Du wärst versorgt – zwar nur minimal, aber das kennst du ja ... Vielleicht wirst du ab und zu völlig über die Stränge schlagen, wie im Reflex. Wenn du lange genug die Luft anhältst, musst du irgendwann tief einatmen: Der Körper holt sich, was er braucht. So hast du vielleicht Heißhungerattacken, oder der Kaufrausch packt dich. Für kurze Zeit beendest du den Mangel und versuchst, ein Gleichgewicht herzustellen, doch rasch holt dich die »Magersucht« (egal, in welchem Bereich du sie lebst) wieder ein.

Die meisten von uns wählen eine Kombination aus diesen unterschiedlichen Reaktionen.

Mit diesen Verhaltensweisen machst du weiter, auch wenn du jetzt erwachsen bist. Warum? Weil sich, wenn du als Kind in einer dysfunktionalen Familie aufwächst (Und welche Familie ist nach den Traumen des Krieges nicht auf irgendeine Weise dysfunktional?), ein sogenanntes falsches, angepasstes Selbst bildet. Dieses falsche, angepasste Selbst reagiert und funktioniert nun nach außen hin, und deine wahren Gefühle sind tief im Unbewussten vergraben. Nur manchmal lockt etwas in dir, ruft nach mehr Lebendigkeit, nach Echtheit. Und das ist gut. Dein wahres, echtes Selbst umwirbt dich und will gelebt werden. Das geht aber nur, wenn du nach und nach das sogenannte falsche Selbst aufgibst und den Mut findest, deine emotionale Wahrheit zu spüren und kundzutun.

Es gibt eine Menge Bücher über »Energievampire«: Menschen, die anderen die Energie abziehen, um selbst zu überleben. Aber sind wir nicht manchmal selbst welche?

Immer dann, wenn wir nicht die Verantwortung für uns selbst übernehmen, wenn wir unsere Bedürfnisse nicht spüren und nicht darauf reagieren, zwingen wir andere, das für uns zu tun – wenn nötig, mit kleinen Tricks. Wir holen uns damit, was wir brauchen, denn wir haben alle einen ziemlich starken Überlebenswillen, auch wenn wir uns vielleicht oft klein und schwach fühlen. Wenn wir das nicht direkt tun, indem wir zum Beispiel um Hilfe, eine Umarmung oder ein Gespräch bitten (weil wir das nicht können, nie gelernt haben, nicht wissen, dass wir das überhaupt dürfen), dann eben unterschwellig.

Wir lassen uns bedauern, erzählen jedem, wie schlecht die Welt ist, und ernähren uns vom Mitgefühl der anderen.

Sind nun also unsere Mütter schuld, dass wir zum Beispiel entschieden haben, uns »auf Sparflamme« zu halten, um nie wieder in diesen Versorgungsmangel zu kommen bzw. am besten gleich dazubleiben? Natürlich nicht.

Weißt du, wenn du bis zu dem Zeitpunkt, an dem du dieses Buch liest, überlebt hast, dann hast du einen starken Überlebenswillen, ob es dir bewusst ist oder nicht. Dein Körper hat sich gegen Massen von Viren und Bakterien verteidigt, hat eine Menge Nahrung verdaut, die nicht besonders gesund war, du hast alle möglichen Situationen und Krankheiten gemeistert, Prüfungen überstanden, vielleicht sogar den Tod von Angehörigen bewältigt. Du hast Wege gefunden, um das zu bekommen, was du brauchst, und sie scheinen effektiv zu sein, denn du bist noch am Leben.

Anscheinend war immer genug für dich da, um zu überleben, auch wenn du es nicht immer wahrgenommen hast. Die Angst, nicht genug genährt zu werden (mit jeder Art von Energie) und zu sterben, hat sich bis heute nicht bewahrheitet. Du hast hervorragende Arbeit geleistet, um deine Energieversorgung zu sichern.

Jetzt ist es aber vielleicht an der Zeit, neue Möglichkeiten zu finden, immer gut versorgt zu sein. Daher möchte ich dir nun etwas über die »Anatomie« deiner Energiekörper erzählen, damit du weißt, was passiert, wenn du Energie verlierst oder welche bekommst.

ENERGIEKÖRPER UND CHAKREN

Im Körper befinden sich an einigen Stellen – und ganz besonders im Solarplexus, im Magenbereich – eine ganze Anzahl von Drüsen, die Hormone bilden, und Nervenzellen, die Informationen an das Gehirn weitergeben. Das sind, ganz einfach ausgedrückt, die Schaltstellen zwischen den scheinbar getrennten Welten der Seele und des Körpers, die Chakren.

DAS ERSTE CHAKRA

Es befindet sich ganz tief unten an deinem Steißbein und heißt »Wurzelchakra«. Hier wird die einströmende Lebensenergie in feurige, tiefrote Kraft verwandelt. An dieser Stelle ist der Antrieb zu Hause, mit dem du Dinge in der Welt bewegst. Es ist der Sitz von Aggressionen, körperlichem Durchsetzungsvermögen und sexueller Kraft. Von hier aus stampfst du mit dem Fuß auf und drückst so zum Beispiel dein Nein aus.

Wenn du nicht gut genährt bist oder deine Kraft unterdrückst, weil du funktionieren willst (ich mache alles, um nicht verlassen zu werden), kriegst du nichts auf die Reihe, hast vielleicht Rückenschmerzen, keine Lust auf Sex und fühlst dich sehr bedürftig, sehr abhängig von anderen. Vielleicht hast du dauernd Angst, irgendwann völlig pleite zu sein, arm und obdachlos unter einer Brücke zu sitzen. Klar, du bist ja auch tatsächlich nicht versorgt, wenn dieses Energiezentrum nicht offen ist.

Schlüsselworte: Urvertrauen, Beziehung zum Körper, Bedürfnisse und Realität, Selbstbejahung.

DAS ZWEITE CHAKRA

Es liegt unterhalb des Bauchnabels und wird auch »Harazentrum« oder »Nabelchakra« genannt. Das ist die Mitte deines Körpers, dein Kraftzentrum. Hier bist du an die Kraftquelle des Universums angeschlossen. An dieser Stelle ist deine spirituelle Nabelschnur verankert.

Wenn man sagt, jemand habe seine Mitte verloren oder sei ganz aus dem Gleichgewicht geraten, dann geht es um dieses Chakra. Die einströmende Energie wird in diesem Bereich in leuchtend orange Kraft umgewandelt. Du fühlst dich lebendig, frei und kraftvoll, wenn du hier gut versorgt bist. Deine Sexualität fließt, du bist voller Lebensfreude und Leichtigkeit. Wenn du willst, dann schließe jetzt die Augen, und stelle dir die Farbe Orange vor, dann weißt du, was ich meine.

Wenn dieses Chakra verschlossen ist, weil du dich nicht traust, wirklich lebendig zu sein, bist du abweisend und in dich zurückgezogen, willst deine Ruhe haben und reduzierst deine Sexualität auf eine sportliche Leistung, die dich weder erfüllt noch befriedigt.

Schlüsselworte: sexuelle Hingabe, Geben und Nehmen, »in deiner Mitte sein«, spirituelle Nabelschnur.

DAS DRITTE CHAKRA

Das ist der »Solarplexus«, das Sonnengeflecht, dessen Farbe Sonnengelb, ein leuchtendes, kraftvolles Gelb ist. Dieses Chakra befindet sich in Höhe des Magens. Es ist der Sitz deines Willens, deiner tiefen inneren Wahrheit. Hier findest du dein Ja oder dein Nein, das Wissen darum, was gut für dich ist. Hier spürst du die Macht, deinen Willen umzusetzen. Du weißt, du darfst tun, was für dich gut ist, und lassen, was dich schädigt. Du bist klar und mit deiner inneren Wahrheit in Kontakt, wenn du an dieser Stelle offen und voller Kraft bist.

Störungen in diesem Chakra sind leider sehr weit verbreitet. Wenn du zum Beispiel oft Ja sagst, obwohl du Nein meinst, verkrampft sich dein Solarplexus, und irgendwann spürst du deine innere Wahrheit nicht mehr. Dann fühlst du dich halt-los, kannst dich nicht entscheiden, fragst andere um Rat in Angelegenheiten, die du ganz allein entscheiden sollst und darfst.

Schlüsselworte: Willenskraft, Macht und Ohnmacht, Entscheidungskraft, Ehrgeiz.

DAS VIERTE CHAKRA

Das vierte Energiezentrum liegt in der Mitte deines Brustkorbes in Höhe des Herzens und heißt auch so: »Herzchakra«. Hier wird die Energie weicher, feiner, du spürst Liebe, Mitgefühl und Vertrauen, wenn du im Herzen offen bist. Das Herzchakra schwingt in Rosa und Grün, ganz zart und sanft.

Mit diesem Chakra nimmst du emotionale Verletzungen wahr.

Kennst du Herzschmerz? Richtig körperlichen Schmerz im Herzen, wenn dich zum Beispiel jemand verletzt, den du liebst? Oder wenn du überhaupt liebloses Verhalten wahrnimmst? Das ist dein Herzchakra, es leitet emotionale Energie in deinen physischen Körper.

Wenn du deinem Kind beim Spielen zuschaust, wird dir vielleicht »warm ums Herz«, dein Emotionalkörper lässt dich deine Liebe zu ihm körperlich wahrnehmen.

Viele von uns sind an dieser Stelle verletzt und verschlossen, lassen die Energie nicht in sich hineinströmen. Immer dann, wenn du deinem Herzen nicht folgst, sei es bei der Wahl deines Berufes, in deinen Beziehungen oder im Umgang mit dir selbst, wenn du dir deine Herzenswünsche nicht erfüllst, verschließt sich dieses Chakra.

Schlüsselworte: Vereinigung der Gegensätze, Liebe, Mitgefühl, Transformation (Umwandlung).

DAS FÜNFTE CHAKRA

Das fünfte Energiezentrum befindet sich am Hals und heißt »Kehlkopfchakra«. Die Farbe dieses Chakras ist ein klares, frisches Blau. (Viele Halsbonbons haben übrigens diese Farbe. Ist das nicht interessant?)

Das ist der Sitz deines Selbstausdrucks, sei es durch Worte – indem du sagst, was du zu sagen hast – oder durch Tätigkeiten.

Ob du ein Buch schreibst, einen Tontopf fertigst oder Essen kochst, eine Konferenz leitest oder ein Softwareprogramm schreibst: Von hier aus fließt deine Schöpferkraft in das, was geschieht. Wenn du in diesem Chakra offen bist, schimmert deine Persönlichkeit durch alles, was du sagst und tust hindurch – andere erkennen dich und nehmen dich wahr. »Das ist typisch für dich« – so einen Satz kann man nur zu jemandem sagen, dessen fünftes Energiezentrum offen ist.

Ist es verschlossen, bemerkt man dich nicht. Du bist dann sehr damit beschäftigt, herauszufinden, was andere von dir wollen und wie du zu sein hast. Du ahmst andere nach, anstatt deinen eigenen Weg zu gehen, bist bestrebt, »es richtig zu machen«, und bittest vielleicht dauernd um Erlaubnis.

Schlüsselworte: Kommunikation, Sprache, Selbstausdruck, Schöpferkraft.

DAS SECHSTE CHAKRA

Das »Stirnchakra« liegt zwischen den Augenbrauen und bildet das sogenannte Dritte Auge. Die Farbe dieses Chakras ist Violett, Ausdruck spiritueller Verbundenheit und Stille, wie sie in Kirchen oft benutzt wird. Es ist der Sitz deiner Intuition. Hier nimmst du auch die ungesagten Dinge wahr, hast vielleicht Visionen und kannst dir vieles gut vorstellen. Du liest zwischen den Zeilen, beobachtest und verstehst Ereignisse auf einer höheren Ebene jenseits des Verstandes.

Wenn du meditierst, kannst du in diesem Chakra innere Bilder und Empfindungen wahrnehmen, du erlebst die Welt magisch und geheimnisvoll. Hier begegnest du höheren geistigen Wesen und Energien, erlebst deinen Schutzengel und nimmst auch Kontakt zu deinen eigenen höheren Anteilen auf. Dieses Chakra trägt dich aus der scheinbaren Enge deines Körpers hinaus in höhere Sphären, es verbindet dich mit der nächsten Dimension.

Wenn du an dieser Stelle verschlossen bist, deinen eigenen Wahrnehmungen nicht traust, erscheint dir die Welt vielleicht vorhersehbar, langweilig und ohne tieferen Sinn. Stumpf machst du deine Arbeit und funktionierst, ohne je deine Kreativität und Schöpferkraft zu gebrauchen.

Schlüsselworte: Wahrnehmung, Meditation, Stille, Beobachtung, Erkenntnis.

DAS SIEBTE CHAKRA

Dieses Chakra befindet sich auf deinem Kopf und wird »Scheitelchakra« genannt. Die Farbe dieses Chakras ist ein klares, reines Weiß. Wie weißes Licht vereinigt es alle anderen Chakren in sich. Die Energie, die durch dieses Zentrum in dich einströmt, ist weiß, hell und klar und lässt dich eins werden mit allem, was um dich herum ist.

Die Trennung hört auf, du erfährst dich nicht mehr als einzelnes, von anderen getrenntes Wesen, sondern spürst die Verbindung zu allem, was lebt. Dein Kopf scheint sich zu öffnen, und du spürst die Grenzen deines Körpers nicht mehr, du scheinst mit der Unendlichkeit des Universums zu verschmelzen. Es ist das Tor zu deiner Seele, in das Reich des Wunderns, Staunens und des inneren Friedens.

Alles Fragen hört hier auf, du bist mit innerem Wissen verbunden.

Dieses Zentrum ist der Sitz einer höheren Schöpferkraft und bildet die Brücke zwischen deinem menschlichen Geist und dem Willen Gottes – wenn du erlaubst, dass ich es einmal so ausdrücke.

Du bist spontan und immer offen für neue Ideen, wenn du der Energie erlaubst, in diesem Chakra zu fließen; du lässt dich nicht von alten Gewohnheiten beherrschen.

Wenn du an dieser Stelle verschlossen bist, glaubst du nicht, dass du deine Fantasien in die Tat umsetzen kannst. Du baust Luftschlösser, ohne auch nur den geringsten Versuch zu unternehmen, sie auf die Erde zu bringen und mit Leben zu füllen. Du ziehst dich in deine Fantasiewelten zurück und kannst dir nicht vorstellen, dass sich einiges davon durchaus verwirklichen ließe. Du spürst dann vielleicht eine starke Trennung zwischen deinem Alltag und deiner inneren Welt.

Schlüsselworte: Verschmelzen und Einswerden mit der Schöpfung und deiner Seele, Selbstverwirklichung.

Nachfolgend bekommst du eine Menge Methoden gezeigt, die dir alle helfen können, energievoller und »besser drauf« zu sein. Sie sind allerdings keine Zauberformeln. Du musst sie schon praktisch ausführen, und das heißt erst einmal, eine ziemliche Hemmschwelle überwinden, nämlich die Schmerzvermeidung. Warum? Weil dich alle diese Übungen in das Fühlen bringen, und damit wirst du berührbarer, auch verletzlicher, aber eben auch lebendiger und kraftvoller, echter.

So triffst du mit jeder Übung, die du durchführst, eine wichtige Entscheidung: Bleibe ich im angepassten Konstrukt, im falschen Selbst, oder lerne ich mein wahres, fühlendes Ich kennen?

ERSTE HILFE:
WENN GAR NICHTS
MEHR GEHT

Gerade wenn man sehr angespannt oder total ausgebrannt ist, fällt einem oft gar nichts ein, richtig?

Wenn es wirklich brennt, du nicht weißt, wie du die nächsten fünf Minuten überstehen sollst, dann gibt es verschiedene Möglichkeiten, was du tun kannst:

BETEN

Mache es einfach! Es ist egal, ob du an eine liebende höhere Macht glaubst oder nicht. Mache die Augen zu, oder lasse es, falte deine Hände, oder lasse es. Hauptsache, du betest.

Du kannst sagen: »Ich bin nicht sicher, dass es dich gibt, aber ich brauche Hilfe, ich brauche deine Unterstützung – und zwar jetzt. Bitte schicke mir einen Engel, damit ich die nächsten Minuten überstehe, und schicke ihn mir so, dass ich es auch merke.«

Jetzt kannst du aufatmen – es wird geschehen.

TELEFONIEREN

Rufe zum Beispiel bei der Telefonseelsorge an. Das ist keines-
falls nur etwas für Leute, die sonst nichts mehr auf die Reihe
bekommen, sondern für Menschen wie dich und mich, wenn
wir allein nicht mehr weiterwissen.

Telefonseelsorge:
Kostenlose Telefonnummer deutschlandweit:
(08 00) 1 11 01 11 oder (08 00) 1 11 02 22

NOTFALLTEXTE LESEN

Hast du ein kleines Büchlein mit Texten, die dich berühren
und aufbauen? Schlage es an irgendeiner Stelle auf. Schon die
Absicht, etwas für dich zu tun, verändert etwas.

FÜHLE, WAS DU FÜHLST

Wenn du dir nicht erlaubst, deine Gefühle wahrzunehmen
– zu weinen, zu schreien oder wonach auch immer dir ist –,
schneidest du dich von deiner Energie ab. Du bist immer dann
nicht mit Kraft versorgt, wenn du die Energie ablehnst, die
gerade fließt.

Erlaube dir, das, was im Moment stattfindet, da sein zu
lassen, so gut du kannst. Alle Gefühle gehen vorüber, wenn du
ihnen Ausdruck verleihst und sie einfach fühlst.

STOPP SAGEN

Das bedeutet: Alle Termine absagen, alle Pläne streichen. Akzeptiere, dass du heute nicht mehr kannst, dass du wirklich Ruhe brauchst. Das wird sich morgen wieder ändern, heute darfst du dich zurückziehen.

Traue dich, Nein zu sagen. Nur für heute. Ziehe dich zurück, koche dir einen Tee, und lege dich ins Bett. Lies, ziehe dir die Decke über den Kopf, und schlafe. Beende den Tag, egal, wie viel Uhr es gerade ist. Erlaube der Welt, sich für den Rest des Tages ohne dich weiterzudrehen. Vielleicht muss sie das erst wieder lernen. Aber dann wird es sowieso Zeit, oder?

Gerade wenn du beruflich ausgebrannt bist, kann es sein, dass du es weit von dir weist, alle Termine für einen Tag abzusagen. Und einiges musst du vielleicht wirklich noch heute tun, zum Beispiel deine Kinder versorgen, falls du nicht jemanden bitten kannst, dir das abzunehmen. Dann mache eine Liste mit allem, was heute noch ansteht, und streiche sie so energisch wie möglich zusammen. Das Wichtigste zuerst. Den Rest erledigst du, wenn du wieder mehr Kraft hast.

IN EINE KERZENFLAMME SCHAUEN

Zünde eine Kerze an, und schaue der Flamme zu, wie sie flackert und leuchtet. Konzentriere dich nur auf sie.

Sonst nichts.

DEIN INNERES KIND WAHRNEHMEN

Meistens ist es ein Teil in uns, der völlig ausgebrannt ist, während andere Anteile durchaus noch Kraft haben. Und oft genug ist es das Innere Kind, das völlig überfordert ist und sich deshalb verweigert. Du brauchst für diese Übung nicht genau zu wissen, was denn dieses Innere Kind ist. Nimm einfach einmal an, es gäbe einen kindlichen Anteil in dir, der wie früher versucht, dein Erwachsenenleben zu meistern.

Kann das Innere Kind dein Leben meistern? Mehr schlecht als recht und nur unter Aufbietung aller Kräfte. Warum? Weil es ein Kind ist. Und was können Kinder nicht? Verantwortung tragen, unterscheiden, wofür sie verantwortlich sind und wofür nicht, besonders wenn es um die Gefühle anderer geht.

Gehe also davon aus, dass es in dir einen Anteil gibt, der sich deshalb völlig überfordert fühlt, weil er an einer Stelle steht, an die er gar nicht gehört. Denn dein Erwachsenenleben regelst du, der Erwachsene. Dein Inneres Kind findet seine Heimat in deinem Herzen. Da darf es spielen, mit seiner Fantasie, Begeisterung und Freude, auch mit seiner Trauer und Scham anwesend sein. Aber es braucht weder deine Rechnungen zu öffnen noch sich mit deinem Chef oder deinen Mitarbeitern herumzuschlagen.

So nimm dir bitte etwas zu schreiben, ja, nimm dir die Zeit für dich, das könnte lebenswichtig sein.

Und jetzt schreibe dir Sätze auf, die mit »Wenn ich zu meinem Inneren Kind JA sage …« beginnen.

Was ist dann? Wenn ich zu meinem Inneren Kind Ja sage, dann will ich jetzt baden.

… dann will ich heute nicht arbeiten.

… dann spüre ich, dass ich traurig bin.

… dann will ich ein Haustier haben.
… dann spüre ich meine Lebendigkeit.

Merkst du was? Das Innere Kind kann dich in Schwierigkeiten bringen, denn es funktioniert nicht, sondern es hat ganz eigene Impulse und Bedürfnisse, die dich aber immer zu mehr Freude und Lebendigkeit, zu mehr Echtheit führen. Schreibe dir also diese Sätze auf, und dann sage dir selbst: »Ich höre dich, ich sehe dich, ich nehme dich wahr, und ich glaube dir.«

Bleibe noch ein bisschen sitzen, und spüre, wie sich dieses Innere Kind in dir anfühlt, einfach, indem du mit ihm durch diese Übung in Kontakt bist. Und dann schenke dir selbst und deinem Inneren Kind dieses Ja.

AUS DEM KOPF
IN DEN KÖRPER

Wenn dein Körper gut versorgt, warm und entspannt ist, kann deine Kraft sehr viel freier fließen. Meistens verspannen wir uns den Tag über so sehr, dass wir gar nicht mehr wissen, wie es ist, lockere Schultern und Füße zu haben. In den Muskeln sind außerdem die festgehaltenen Gefühle gespeichert. Wir verkrampfen den Nacken und die Füße, wenn wir Angst haben, ziehen die Schultern als Abwehrhaltung hoch und spannen den Bauch an, um unsere Gefühle nicht wahrnehmen zu müssen. Damit ist unser Körper wie erstarrt, nichts fließt mehr – wir leben noch, aber wir spüren uns nicht.

Erinnerst du dich noch an ein paar Märchen, die du früher gelesen hast? Eine der schlimmsten Bestrafungen im Märchen ist, jemanden zu Stein erstarren zu lassen, und es bedarf viel Liebe, um diesen Zustand wieder zu lösen.

Genau so ist es.

SAGE DIR DANKE

Lasse uns mit der einfachsten Art beginnen, sich besser zu fühlen. Dazu kannst du das Buch in der Hand behalten, du brauchst dich nicht einmal zu bewegen.

Schließe deine Augen, und sage dir Danke. Danke, dass du überhaupt bemerkst, wie es dir geht, dass du deine

Bedürfnisse wahrnimmst und dass du lernen willst, etwas für dich zu tun.

Schenke dir selbst ein großes »Ich danke dir«, und wenn du es schaffst, setze noch ein »liebste Elke«, oder wie immer du heißt, dahinter.

Spürst du, wie etwas in dir aufzuseufzen beginnt?

Nun versuche, in deinen Körper hineinzulauschen. Dazu musst du weder besonders gut noch irgendwie geübt sein.

Wie fühlt sich dein Körper an? Hast du kalte Füße?

Ja? Sehr gut, damit können wir arbeiten. Du glaubst gar nicht, wenn du es noch nicht erfahren (oder einfach vergessen) hast, was es für einen Unterschied macht, wenn deine Füße warm und lebendig sind.

FUSSBAD

Nun musst du wahrscheinlich aufstehen, das ist anstrengend, aber es dient ja einem guten Zweck. Oder kannst du jemanden bitten, dir ein Fußbad zu machen? Das ist für Fortgeschrittene, die bereits um Hilfe bitten können. Vielleicht lebst du aber sowieso allein, dann hilft alles nichts.

Bitte gehe in die Küche, nimm eine große Schüssel, und fülle sie mit Wasser – so heiß, wie du es gerade noch aushalten kannst. Du hast keine Schüssel, die so groß ist? Dann nimm einen Putzeimer, ist doch egal. Es geht um deine Füße, darum, dass du so rasch und unkompliziert wie nur möglich wieder ein bisschen Energie bekommst. Wenn du erst anfängst, dir um die Form des Gefäßes Gedanken zu machen, stehst du erst gar nicht von deinem Sessel auf, richtig?

Hast du ein tolles Schaumbad? Nein? Das macht nichts. Irgendetwas wirst du im Bad haben, das du magst, und wenn es ein gut riechendes Haarshampoo ist. Gib ein bisschen davon in das warme Wasser, ja, kann sein, dass du dein teures Shampoo in deinen Putzeimer gießt. Mache es einfach.

Greife im Vorbeigehen nach einem Handtuch, trage alles in dein Wohnzimmer, stelle den Eimer vor deinen Sessel, Füße hinein – das ist gut, oder? Entspanne dich, und strecke besonders deine Zehen, hier sitzt oft Angst. Wir krallen uns förmlich in den Boden hinein, wenn wir gestresst sind.

Verstehst du das Prinzip? So einfach wie möglich, kein Aufwand; nimm, was da ist, sonst wird es viel zu anstrengend.

Und nun sage dir Danke. Es ist absolut nicht selbstverständlich, auf diese Weise für dich zu sorgen. Es fällt so viel leichter, im Sessel sitzen zu bleiben, ein paar Erdnüsse zu essen und den Fernseher einzuschalten. Aber das gibt dir keine Energie, es nimmt dir welche.

Wenn du vorhast, es dir öfter gut gehen zu lassen, ist es auf Dauer sicher sinnvoll, dir eine geeignete Wanne zu kaufen. Es gibt richtig tolle Geräte mit Massagefunktion und eingebauter Heizung. Wenn du magst, kannst du auch ein paar Glasmurmeln in das Wasser legen und dir damit die Füße massieren. Du stellst die Füße darauf und rollst sie vorsichtig vor und zurück, das kann an einigen besonders verspannten Stellen ein bisschen wehtun. Aber danach gehst du wie auf Wolken.

Außerdem gibt es extra Badesalz für die Füße: entspannend, belebend, wie du es haben willst. Aber letztlich brauchst du das alles nicht: Wichtig ist nur, dass du es überhaupt tust.

BAUCHMASSAGE

Hast du ein Öl, das du liebst? Wenn nicht, dann besorge dir bitte bald eines. Lege das Öl auf die Heizung (oder stelle es in den Kühlschrank, wenn es draußen sehr heiß ist), ziehe dich aus, hole das Öl, und lege dich auf dein Bett. Du kannst ja, wenn du Angst um deine Bettwäsche hast, ein Handtuch unterlegen.

Gieße nun eine große Portion davon auf deinen Bauch. Es geht nicht darum, deine Haut zu pflegen, sondern deinem Körper Energie zu geben, also sei nicht geizig. Stelle die Flasche weg, und lege deine Hände auf deinen Bauch voller Öl. Wie fühlt sich das an? Nun lasse sie über deinen Körper gleiten. Traue dich einfach, massiere deinen Bauch – er hat es verdient. Vielleicht möchtest du das kreisförmig im Uhrzeigersinn (so verläuft dein Darm) tun, aber letztlich ist es egal, Hauptsache, es fühlt sich warm und geborgen an.

Mütter streicheln auf diese Weise ihre Babys, wenn diese weinen, und vielleicht erinnerst du dich nun daran, warum. Denke nicht darüber nach, ob dein Bauch flach genug ist oder deine Brüste zu weit zur Seite fallen, erlaube dir einfach, zu fühlen, was du fühlst.

Du kannst jede dieser Übungen in einer angespannten, dich selbst verurteilenden Haltung machen – dann bringt sie dir allerdings nicht so viel. Oder du erlaubst dir, wirklich loszulassen und dich zu spüren. Das lernst du, indem du es mutig versuchst. Egal, wie dick oder dünn du bist – wie fühlt sich dein Bauch, während du ihn mit noch mehr Öl streichelst? Beginnt er zu gluckern? Wie fühlen sich deine Hände, während du das tust? Können sie deine weiche Haut genießen? Schließe deine Augen – sage dir Danke.

FUSSMASSAGE

Ziehe deine Schuhe und Strümpfe aus, hole dir dein Öl und ein Handtuch, setze dich in deinen bequemsten Sessel, und lege einen Fuß über den Oberschenkel.

Verreibe nun ein wenig Öl zwischen deinen Händen, reibe sie sehr rasch aneinander, damit sie warm werden und sich ein Energiefeld aufbaut. Lege nun die warmen Hände einfach fest um deinen Fuß, und halte ihn für einen Moment. Spürst du, wie dein Fuß aufseufzt und sich entspannt?

Wenn du nun magst, kannst du mit dem Daumen die Innenseite der Sohle massieren, langsam und mit ein wenig Druck. Es geht nicht um »richtig« oder »falsch«, sondern um »angenehm« oder »anstrengend«. Du brauchst nichts über Massage oder gar Reflexzonen zu wissen, sonst bist du gleich wieder am Arbeiten.

Am besten schließt du deine Augen und erlaubst dir, nur zu spüren. Kreise mit den Daumen auf der Sohle, besonders um den Großzehballen herum. Dann lege beide Hände so auf den Fuß, dass die Daumen auf der Sohle knapp unter den Zehen liegen und die Finger sich auf dem Spann berühren. Wenn du nun magst, kannst du den Fuß ein wenig kneten, die Daumen hineindrücken und die Zehen bewegen. Wenn du deinen Fuß nur hältst, ist es schon wunderbar.

Verteile das Öl liebevoll und sanft über den gesamten Fuß, auch zwischen den Zehen. Genieße die weiche Haut auf der Sohle, und wenn du magst, dann lächle deinem Fuß zu. Nun stelle ihn auf das Handtuch. Spürst du den Unterschied zum anderen?

Immer wenn du dir selbst bewusst Zeit widmest – nicht, um etwas an dir zu verbessern, zu reinigen oder zu verschönern, sondern, um dich zu spüren – bekommst du Energie. So einfach ist das.

ATMEN

Setze dich bequem hin, lege deine Hände auf deinen Bauch, und schließe die Augen. Nun beobachte deinen Atem, lenke ihn nicht, vergiss alles, was du über das richtige Atmen weißt, beobachte nur, wie er fließt, wenn du ihn einfach lässt. Das ist keine Atemübung, du begleitest deinen Atem eher auf dem Weg in deinen Körper hinein und wieder hinaus. Du siehst ihm dabei zu, wie er deinen Körper belebt und mit Sauerstoff versorgt, ohne ihm zu befehlen, wie er fließen soll. Er kennt seinen Weg.

Der Trick ist das Beobachten, ohne einzugreifen. Wenn du gewöhnt bist, dich ständig zu kontrollieren, erfordert es viel Achtsamkeit, das zu lassen.

Energie kommt, wenn du im Fluss bist mit dem, was geschieht, dich nicht gegen deine inneren Impulse wehrst, sondern dich auf ihren Wellen tragen lässt.

SCHÜTTELN

Was hältst du von ein wenig Bewegung?

Wir bewegen uns den ganzen Tag über kaum, und wenn, dann nur im kontrollierten, zweckorientierten, kleinen Umkreis. So kann die Energie deines Körpers nicht fließen, im

Gegenteil: Sie wird immer wieder blockiert. Das ändern wir jetzt.

Stehe doch bitte einmal auf. Du kannst Musik anmachen, wenn du willst, aber sie ist nicht wichtig.

Fange an, einen Arm zu schütteln, den, der zuerst will, lasse deine Arme selbst entscheiden. Dann den anderen, schließlich beide zugleich.

Wippe in den Knien, ganz schnell, sodass dein ganzer Körper geschüttelt wird. Lasse das Becken und den Nacken locker, auch den Unterkiefer und die Schultern. Zapple herum, schüttle die Beine aus, die Hände, lasse den Bauch locker, bewege dein Becken. Spürst du, wie Lebensfreude kommt? Traue dich, und wenn du dich auch nur ein ganz kleines bisschen frei fühlst, ist es super. Gehe ein winziges Stück über deine Schamgrenze hinaus. Ja, du darfst dich so bewegen, es ist dein Körper. Was soll daran falsch sein? Du willst das nicht, kannst das nicht, was soll das bringen? Das ist Scham, liebster Leser, du versuchst, dich rauszureden. Wie wäre es, wenn du deinem Inneren Kind für einen Moment die Regie überlässt? Es weiß, wie man sich schüttelt und herumtobt.

DEN NACKEN ÖFFNEN

Setze dich bequem, aber aufrecht hin. Am besten, wenn du kannst, im Schneidersitz auf den Boden. Aber ein Stuhl ist auch okay.

Nun lasse deinen Kopf nach vorn sinken (nur deinen Kopf, der Rücken sollte aufgerichtet bleiben, wenn du das kannst).

41

Spürst du einen Zug im Nacken? Atme, und spüre ihn, mehr gibt es nicht zu tun.

Nun bewege den Kopf sehr langsam hin und her. Du brauchst nicht den Nacken zu dehnen, keine Übung daraus zu machen. Nimm nur wahr, wie sich dein Nacken anfühlt, das genügt. Entspanne dein Gesicht dabei, besonders Stirn und Kiefer, und widerstehe der Versuchung, die Bewegung zu vergrößern, wenn du einen Zug spürst.

Es kann sein, dass du nun zum ersten Mal an diesem Tag bemerkst, dass du vielleicht Kopfschmerzen oder verspannte Schultern hast. Wenn deine Energie wieder zu fließen beginnt, spürst du, was in deinem Körper los ist.

SICH SELBST UMARMEN

Die leichteste und schnellste Art, sich zu entspannen und neue Energie zu tanken, ist, jemanden zu umarmen, dem du wirklich vertraust und der dich hält. So jemanden hast du nicht? Aber natürlich hast du das. Lege deine Arme bitte um dich selbst, schließe deine Augen, und wiege dich.

Wenn du jetzt noch die Idee loslassen könntest, dass das nur ein billiger Ersatz für eine »echte« Umarmung ist, dürftest du entspannt und geborgen aufseufzen. Warum streichelst du dir nicht ein wenig über das Gesicht und sagst: »Du hattest einen schweren Tag, ruhe dich aus.«?

TANZEN

Tanze ein paar Minuten lang, nur für dich, zu der Musik, die du liebst, egal, wie es aussieht. Tanze wild oder elfengleich, probiere ein paar neue Bewegungen aus. Traue dich, deinen Bewegungsspielraum ein wenig größer werden zu lassen. Und wenn du auch nur für einen kurzen Moment deine innere Freiheit und dieses Jauchzen spürst, dann hast du vielleicht genug Energie für den Rest der Woche.

SPAZIEREN GEHEN

Das ist natürlich ein Klassiker: Und ich wollte es zuerst auch gar nicht erwähnen, weil es mir so profan vorkommt. Aber ich kenne es von mir, dass ich selbst diese einfachen Dinge vergesse, wenn ich so richtig ausgepowert bin.

Also, packe dich warm ein, wenn es kalt ist, nimm den Schirm, wenn es regnet, oder ziehe im Frühjahr einen luftigen Rock an (raus aus den Büroklamotten!), verlasse die Wohnung, und nimm das Grün der Natur wahr. Gehe ein paar Schritte, und konzentriere dich auf das, was du siehst, freue dich über die Vögel, die Blumen, den Himmel ...

DYNAMISCHES ATMEN

Stelle dich aufrecht hin, gehe ein wenig in die Knie, die Füße stehen hüftbreit auseinander und parallel. Breite die Arme zur Seite aus. Atme tief ein, schwinge die Arme und den Oberkörper beim Ausatmen zu einer Seite.

Beim nächsten Einatmen kommst du zur Mitte zurück, ausatmen, Arme und Oberkörper zur anderen Seite schwingen. Mit dem Einatmen zurück und so weiter ...

Und nun erlaube dir, die Bewegung größer werden zu lassen, mache einen Ton beim Ausatmen, stoße die Luft aus dir heraus, schwinge noch weiter zur Seite. Ja, kann sein, dass dir ein bisschen schwindelig wird. Dann lasse die Bewegung wieder ein wenig kleiner werden, bis der Schwindel aufhört. Und nun noch einmal: Atme, und schwinge, wirf mit den Händen alles hinter dich, was du nicht mehr brauchst, lasse die Bewegung noch größer werden.

Spürst du deine Wildheit, deine Kraft? Wenn dir wieder ein wenig schwindelig wird, lasse die Bewegung langsam ausklingen, bleibe noch einen Moment stehen, schließe die Augen, und fühle nach.

Spürst du dich und deine Energie, wie sie durch den ganzen Körper fließt? Vielleicht möchtest du die folgende Übung gleich anschließen.

SINGEN UND SUMMEN

Erlaube dir, Töne aus dir herausfließen zu lassen: Summe, singe Aaah – gerade so, wie der Ton kommen will. Es ist egal, ob es gut klingt oder nicht, bewerte dich nicht, so klingst du nun einmal. Wenn du diesen Ton nicht singst, dann singt ihn niemand. Wenn du das nicht kannst oder willst, nimm dir einen Kopfhörer, und lasse deine Lieblingsmusik laufen. Nun singe mit, und zwar so laut, so hoch, so tief du willst, es hört dich ja keiner.

Wenn du deine Scham, schräg zu klingen, für kurze Zeit überwindest und tief aus dem Bauch heraus singst, wirst du dich gleich viel kraftvoller fühlen. Das ist deine Stimme, und du hast sie, um dich auszudrücken, also nutze sie auch!

Du bist immer dann voller Energie, wenn du sie so fließen lässt, wie sie fließen will. So dienen all diese Übungen dazu, näher zu deinem ganz persönlichen, ureigenen Ausdruck zu gelangen, weg von all der energiefressenden Kontrolle, hin zu dir selbst.

WENN DU NICHT ABSCHALTEN KANNST

In diesem Kapitel geht es um innere und äußere Räume, die du dir schaffst. Du lernst, die Verantwortung für deinen Energiezustand zu übernehmen, indem du ganz bewusst aus deinem eigenen inneren Getriebensein »aussteigst«. Dazu brauchst du gar nicht zu wissen, was dich überhaupt so antreibt. Was es auch sein mag: In diesem Kapitel lernst du, dir Ruhephasen zu erlauben.

RAUS AUS DEN KLAMOTTEN

Die Kleidung, die du den ganzen Tag getragen hast, ist wie durchtränkt von der Anspannung und dem Zeitdruck, denen du den Tag über vielleicht ausgesetzt warst. Ziehe sie aus, alles, allem voran die Schuhe, und schlüpfe in bequeme Sachen. Am besten ist es, wenn du zarte, beruhigende Farben nimmst, warme Socken und kuschelige Stoffe, die vielleicht auch noch gut riechen. Für deine Wohlfühlklamotten lohnt es sich, Duftsäckchen in den Schrank zu hängen.

Das alles weißt du, du kannst es in jeder Wellness-Zeitschrift lesen, aber wie oft denkt man nicht daran, wenn man voller Hektik und ausgepowert nach Hause kommt? Der Griff zur Fernbedienung oder in den Kühlschrank ist so viel rascher getan, aber damit ist der Abend dann auch meistens gelaufen, nicht? Schaffe dir ein Ritual, um den Arbeitstag vom Feierabend zu trennen. Ich benutze extra dieses altmodische Wort Feierabend: »Feiern« steckt darin, also, feiern wir!

ZEITLUPE

Tue für die nächsten fünf Minuten alles in »Zeitlupe«, also ganz bewusst langsam. Atme, und nimm wahr, was du machst, auch wenn du nur ins Bad gehst oder Tee kochst. Komme heraus aus der Hetze und dem »Schnell, schnell«, mit dem wir den ganzen Tag durch unser Leben rennen, selbst wenn wir nur am Schreibtisch sitzen, und nimm dir Zeit. Gleich kommst du zurück aus der Zukunft in den Augenblick.

Hier geht es entspannt und lebendig zu. Willkommen im Hier und Jetzt!

SCHAFFE ABSTAND ZWISCHEN DIR UND DER WELT DA DRAUSSEN

Zünde Kerzen an, lege leise, sanfte Musik auf, und setze dich einfach auf den Teppich, lausche der Musik ... Vielleicht hast du ein Ritual, legst gern Tarotkarten, schreibst ein paar Zeilen, trinkst ein Glas Wein, trägst besonders weiche Kleidung. Nimm dir Raum und Zeit, schaffe eine Oase des Friedens und der Ruhe.

Erlaube dir, dein Zimmer so gemütlich und liebevoll zu gestalten, wie es nur möglich ist, und beschäftige dich mit sinnlichen oder spirituellen Themen. Du bist es wert, und es ist wichtig, dass du spürst, dass es auch diese liebevolle, weiche, sanfte und sinnliche Seite des Lebens gibt – besonders, wenn du im Job hart durchgreifen musst.

SEI EIN BAUM

Diese Übung kann ein bisschen anstrengend sein, weil du die Arme recht lange nach oben hältst. Wenn du nicht stehen willst, dann lege dich einfach bequem hin.

Stelle dich mit bloßen Füßen fest auf den (warmen) Boden. Erlaube deinen Fußsohlen, sich zu entspannen, erlaube deinen Füßen, an so vielen Stellen wie möglich mit der Erde verbunden zu sein. Strecke und spreize deine Zehen, hier halten wir oft viel Anspannung fest.

Halte die Füße etwa hüftbreit und parallel. Nun gehe ein wenig in die Knie – nur so weit, dass sie nicht völlig durchgestreckt sind, sonst blockiert der Energiefluss an dieser Stelle. Wippe ein bisschen, so lange, bis du bequem und entspannt fest auf der Erde stehst.

Hebe deine Arme nach oben, und schließe die Augen.

Und nun sei ein kleines Bäumchen.

Stelle dir vor, wie deine Wurzeln tief in die Erde reichen, wie sich deine Äste der Sonne entgegenrecken, wie sie sich im Wind wiegen. Dein Rücken ist gestreckt wie ein Baumstamm. Lasse jetzt dein Becken los, öffne den Beckenboden. Atme durch dein Becken ein, und ziehe die Energie bis hoch in deine Äste.

Strecke dich immer weiter dem Himmel entgegen, während deine Füße immer fester auf dem Boden stehen. Stelle dir vor, du wächst, wirst ein richtig großer, stabiler Baum, du entwickelst neue Äste, bekommst Blätter und Blüten, Vögel nisten in dir, und Eichhörnchen bauen sich in dir ihr Heim.

Es ist Sommer, du bist vollkommen angefüllt mit warmer, lebendiger Energie, du spendest Schatten, du durchwurzelst die Erde und gibst ihr damit Halt und Nahrung, wie auch sie dich hält und nährt. Du versorgst die Luft mit frischem Sauerstoff, indem du das Sonnenlicht trinkst. Deine Wurzeln und dein Blätterdach bieten vielen Tieren Obdach. Vögel fliegen durch deinen Wipfel, Eichhörnchen turnen auf deinen Ästen.

Du wirst noch größer, überragst nun viele andere Pflanzen, du wirst immer ruhiger, spürst, dass Zeit in deinem Leben keine Rolle spielt. Du bist einfach da, es gibt nichts zu tun, deine Wurzeln sind fest und sicher in der Erde verankert.

Nun spürst du, es wird Herbst, deine Früchte reifen, sie dienen anderen als Nahrung, und du gibst sie gern. Du fühlst dich mütterlich und reich, deine Samen fallen auf die Erde und beginnen, sich dort zu verwurzeln. Unerschütterlich gibst du das Leben weiter, indem du da bist und der Natur ihren Lauf lässt.

Es wird kälter, der Winter naht. Du ziehst deine Energie in deine Äste zurück, die Blätter fallen ab, du lässt sie los, ohne es auch nur zu bemerken, du bist immer noch vollständig und ganz, veränderst nur deinen Ausdruck.

Du wirst noch fester, nun spielen keine Blätter mehr im Wind, du bist stabil und ruhig, stehst einfach da. Nichts kann dich mehr erschüttern oder aus der Ruhe bringen.

Du stehst da, Energie durchströmt dich von deinen Füßen bis hoch zum Scheitel, es gibt nichts zu tun.

Du bist in deiner Mitte, in vollkommener Ruhe.

Nun wird es wieder wärmer, du spürst, wie sich Leben in deinen Ästen regt. Die ersten kleinen Blüten wollen hervorbrechen, alles in dir ruft nach Lebendigkeit und Ausdruck: Du willst blühen und ergrünen, willst teilhaben an der Farbenpracht und Vielfalt des Lebens.

Überschäumend vor Freude blühst du, bildest neue, kleine Blättchen, formst wieder ein Blätterdach, damit sich das Leben erneut ausbreiten kann ...

Atme, nimm die Arme herunter, schüttle dich, löse vorsichtig die Füße vom Boden.

Wann immer du dein inneres Gleichgewicht verlierst, kannst du diese Übung machen. Je öfter du sie durchführst, desto leichter verbindest du dich mit dieser Kraft. Irgendwann brauchst du nur noch Sekunden. Dann bist du jederzeit in der Lage, dich in deiner Mitte zu verankern und neue Lebendigkeit zu spüren.

Wenn du kreativ tätig sein willst, sei es beim Kochen, Malen, Musikmachen oder beim Reparieren deines Autos, beginne die Übung im Sommer, und beende sie im Frühling, wenn sich die Kraft der Natur nach außen ausdrücken will.

Wenn du Ruhe brauchst, einschlafen willst oder dich aus deinem hektischen Alltag verabschieden möchtest, beginne sie im Frühling, und beende sie mit dem Winter, wenn sich deine Energie in sich selbst zurückzieht.

BROT BACKEN

Es gibt wenige Tätigkeiten, die sich so natürlich und ursprünglich anfühlen, wie Brot zu backen. Selbst wenn du eine Backmischung aus dem Supermarkt nimmst, erdet es dich sehr. Probiere es einfach aus, es ist leichter, als du vielleicht dachtest. Und sogar, wenn es nicht so toll wird, bringt es dich aus dem Kopf in deinen Körper, aus dem Denken ins Fühlen und Handeln.

MIT DEN HÄNDEN ARBEITEN

Handwerkst du gern? Nimmst du gern einen großen Pinsel und streichst Möbel an, Bilderrahmen, Gartenbänke? Nähst du gern? Machst du Stickbilder? Sägst du gern Dinge aus? Pflanzt du gern Blumen? Liebst du es, Kerzen zu gießen? Und wann hast du es das letzte Mal gemacht?

Suche dir aus den vielen Möglichkeiten, etwas zu basteln, zu handwerken oder zu nähen, das aus, was dich interessiert, und traue dich einfach. Es ist doch egal, ob es schön wird! Wir sind hinsichtlich unserer Kreativität so entmutigt, weil wir als Kinder vielleicht kritisiert wurden, schlechte Noten in der Schule bekamen, wenn etwas nicht so gut wurde. Weil wir eine hochgezogene Augenbraue als Reaktion bekamen, obwohl wir unseren viel zu langen, dafür ziemlich roten Strickschal so toll fanden.

Tue es einfach. Nimm den Pinsel, einen weißen Blumentopf, und male ihn an. Halte es zunächst einfach; die schwierigen, komplizierten Dinge kannst du später immer noch machen.

Es geht um genau das Gegenteil dessen, was wir sonst so tun: Sei also nicht so genau, so perfekt, sondern erlaube deinem Inneren Kind, ein wenig zu klecksen.

OASEN DER SCHÖNHEIT

Erlaube dir ab und zu, eine Tasse Tee im schönsten Hotel der Stadt zu trinken. Du entspannst dich bestimmt herrlich in dieser harmonischen Umgebung.

Nimm die Schönheit, die andere geschaffen haben, für dich an, sie ist auch für dich.

TROMMELN

Hast du schon einmal getrommelt? (Gehe dazu in den Wald, wenn du es zu Hause nicht kannst, auch in deinem Auto kannst du getrost trommeln ...)

Trommeln verbindet dich mit deiner Kraft im Bauch, du spürst die Vibrationen der Töne, findest dich selbst in deinem eigenen Rhythmus. Es holt dich aus dem Kopf und aus der Kontrolle heraus, du spürst deine Lebendigkeit und deine Urkraft. Deine Körperzellen reagieren auf die Schwingungen der Töne: Trommeln bringt dich zurück in dein ureigenes Gleichgewicht, in deine Gelassenheit, in deine Ruhe und in deine Mitte.

Nicht umsonst trommeln sich Naturvölker in Trance, in Diskotheken passiert nichts anderes, und im Kleinen tun wir das sogar selbst. Oder was ist das, wenn du mit den Fingern auf dem Tisch trommelst, weil du ungeduldig wartest? Mit dem Fuß auf den Boden klopfst, die Handfläche auf deinen Oberschenkel schlägst?

Wir bauen dabei innere Spannung ab und beruhigen uns selbst, drücken durch das Klopfen und Trommeln unseren eigenen Rhythmus aus, wenn uns der eines anderen aufgedrängt wird.

Probiere es aus, vielleicht setzt es Kräfte frei, die du schon lange vermisst.

MANDALA AUSMALEN

Es ist unglaublich beruhigend und bringt dich auf wundersame Weise in deine Mitte, wenn du ein Mandala ausmalst. Das sind runde, kunstvolle Gebilde, und du kannst die entsprechenden Vorlagen wie in einer Art Malbuch kaufen.

Setze dich also hin, lege ruhige Musik auf, und zünde eine Kerze an, wenn du magst, nimm deine Lieblingsfarben, und male. Dein Inneres Kind wird sich freuen.

DEINE SPASSBOX

Wann immer dir eine Idee kommt, schreibe auf, was du gern tust, um Lebensfreude zu spüren: tanzen, lachen, singen, deinen Lieblingsfilm schauen, in die Sauna gehen, eine Meditation machen, dir eine wunderbare Frisur beim Friseur richten lassen, ein superschickes Kleid oder auch ein ganz verrücktes anziehen, Fotoalben mit Bildern, auf denen du wirklich glücklich aussiehst, anschauen, ins Theater gehen, ein Konzert besuchen.

Dann besorge dir kleine Kärtchen, oder schneide dir selbst welche zu, und schreibe auf jedes eine andere Idee. Lege sie in die schönste Schachtel, die du finden kannst, mit Rosen drauf oder was immer du liebst. Wenn du auf Dauer deine Energie steigern willst, ist es ganz wichtig, dich nur noch mit Dingen zu umgeben, die dir wirklich gefallen. Wenn es irgendeine Veranstaltung gibt, die du gern besuchen möchtest, kaufe dir eine Karte. Ja, kann sein, dass du allein hingehen musst, aber das macht nichts. Immer noch besser, als das zu verpassen, oder? Und wenn du im Laufe der Zeit lernst, die unterschiedlichen Anteile (zum Beispiel dein Inneres Kind) wahrzunehmen, wirst du sowieso nie wieder allein sein. Du kannst auch »in einen Swingerclub gehen« oder »einen Disneyfilm anschauen« aufschreiben – alles, was du willst. Das ist deine Spaßbox, nicht die deiner Mutter oder deines Chefs.

DER KÜNSTLERTREFF

Dieser Ausdruck stammt von Julia Cameron, und sie benutzt ihn in ihrem Buch »Der Weg des Künstlers«[*]. Sie meint damit bestimmte, von dir selbst festgelegte Zeiten, in denen du dich mit deinem Inneren Kind beschäftigst, es fragst, was es tun will, und dich auch wirklich danach richtest.

Wir alle haben einen unbekümmerten, äußerst kreativen und lebendigen Teil in uns, den wir im Alltag unter all den Pflichten, denen wir gehorchen, oft kaum noch spüren. Wenn wir uns nicht ganz bewusst Zeit für dieses Innere Kind nehmen, verlieren wir den Zugang zu unserer Lebensfreude und zu unserer künstlerischen Ausdruckskraft. Was für ein Verlust!

Du bist kein Künstler? Doch, das bist du. Jeder Prozess, in dem du etwas schaffst, sei es Kochen, Heimwerken oder das Erstellen eines neuen Computerprogramms, ist ein künstlerischer Ausdruck deiner selbst.

Lausche also nach innen, und frage dein Inneres Kind, was es gern tun würde, wenn es zum Beispiel eine Stunde Zeit hätte. Wenn du jetzt etwas hörst und einen Impuls bekommst, dann herzlichen Glückwunsch. Meistens ist es nicht so.

---

[*] Julia Cameron: Der Weg des Künstlers. Ein spiritueller Pfad zur Aktivierung unserer Kreativität. Droemer Knaur 1996.

Wir sind so daran gewöhnt, unsere inneren Impulse zu ignorieren, dass es mir manchmal vorkommt, als zöge sich meine innere Stimme verschreckt zurück, wenn ich sie direkt anspreche.

Wenn du im Job funktionierst und dein Leben auf Leistung und Effektivität ausgerichtet hast, ist es nicht so leicht, die Botschaften deines Inneren Kindes zu hören. Sie sind nämlich ganz und gar nicht zweck- oder erfolgsorientiert.

Schaue in deinen Kalender, und schreibe an einem bestimmten Tag für eine bestimmte Zeit »Künstlertreff« hinein.

Und nun sei einfach offen für das, was dir in den nächsten Tagen widerfährt. Vielleicht entdeckst du plötzlich einen Kinofilm, den du dir ganz sicher nicht anschauen würdest, aber du spürst, wie ein Teil in dir leuchtende Augen bekommt. Oder du bemerkst ein Plakat, auf dem sich ein Zirkus ankündigt. Wer weiß, vielleicht steht dein Inneres Kind auf Clowns? Oder du findest ein Museum, in das du nie gehen würdest, weil es Spielzeug zeigt oder Puppenkleider ...

Versuche nicht, dabei etwas zu lernen oder zu erkennen. Kinder mögen keine erzieherischen Maßnahmen, nicht einmal, wenn sie in hübschen Verpackungen daherkommen. Es geht um zweckfreie Zeit, um Zeit, in der du einfach Spaß hast, ohne daran zu denken, dass du dadurch vielleicht mehr Energie bekommst, um noch mehr zu arbeiten. Und es geht um deine kreative Quelle, die Quelle, aus der heraus du spannende, neue und höchst lebendige Impulse schöpfen kannst, die einfach vor sich hinsprudelt und dir die schönsten Ideen in den Kopf setzt.

DIR SELBST LIEBE UND TROST SCHENKEN

Diese Übungen richten sich vor allem an das Innere Kind in dir, das zu viel Routine und Ärger nicht erträgt, sich zurückzieht und traurig wird. Dein Inneres Kind ist der Teil in dir, der neugierig, liebevoll, unschuldig, kreativ und sehr lebendig, aber auch äußerst verletzbar ist. Wenn du dich ausgelaugt fühlst, bist du in Wirklichkeit vielleicht verletzt.

DIR SELBST EINE KARTE SCHICKEN

Kennst du das? Du gehst einkaufen und bleibst beim Ständer mit den Postkarten hängen. Wunderbare Blumenmotive, Katzenkinder, Sinnsprüche. Warum kaufst du nicht ein paar? Und warum schickst du sie nicht dem Menschen, mit dem du am allermeisten Zeit verbringst, nämlich dir?

Wenn du gerade gut drauf bist, dann schreibe dir selbst eine Karte, zum Beispiel:

»Liebste/r, ich denke gerade an dich und möchte, dass du diese wunderschöne Karte bekommst. Ich hoffe, du lächelst dein wunderbares Lächeln, wenn du sie anschaust. Ich liebe dich.«

Komme dir ruhig merkwürdig dabei vor, aber mache es trotzdem. Was glaubst du, wie du dich freust, wenn sie ankommt? Und es ist auch noch genau die, die dir am besten gefällt!

Du kannst sie immer wieder anschauen, wenn du müde und geschafft nach Hause kommst. Liebe, die wir uns selbst schenken, ist mindestens genauso viel wert wie die, die wir von anderen bekommen.

KRAFTSPENDENDE TEXTE LESEN

Es gibt eine Reihe wunderbarer Bücher, die liebevolle, aufbauende Gedanken für jeden Tag beinhalten. Du könntest dir diese Texte natürlich auch selbst schreiben ... zum Beispiel einen wunderbaren Brief an dich. Du weißt schon, rosafarbenes Briefpapier, liebevoll und romantisch wie ein Liebesbrief. Besonders gut geht das, wenn du ein Bild von dir auf den Tisch legst, auf dem du dir wirklich gefällst. Was würdest du dieser Person gern sagen?

Nein, nicht das, was du sonst immer erzählst, das weiß sie bereits. Sie kennt jeden Kommentar über ihre Frisur, ihren körperlichen Zustand und über ihre Unfähigkeit. Was könntest du ihr noch sagen?

Oder magst du dir vielleicht vorstellen, du wärst dein eigener Schutzengel oder deine eigene liebevolle Mutter? Dann fällt es dir vielleicht leichter, einen aufbauenden Brief zu schreiben.

Darf ich dir einen Text vorschlagen? Nur so als Anregung? Vielleicht willst du ihn abschreiben oder ein wenig verändern, damit er für dich passt? Das ist als Beispiel ein Brief an mein Inneres Kind, an den lebendigsten und verspieltesten Teil in uns allen:

»Meine geliebte kleine Maus,

ich bin so froh, dich zu spüren und dich bei mir zu wissen. Wenn ich einen Moment innehalte und deine zarte Stimme höre, muss ich immer lächeln. Ich sehe dich vor mir, in deinem kleinen Kleidchen, mit hochroten, glühenden Wangen, weil du gerade wieder dabei bist, eine aufregende Entdeckung zu machen. Spielst du schön mit den Elfchen und Engeln, meine Kleine?

Ich danke dir für all die Liebe und die Leichtigkeit, die du in mein Leben bringst, und ich bin froh, dass ich dich schon so gut wahrnehmen kann.

Manchmal merke ich, dass ich mich total überfordert fühle. Dann weiß ich, du bist gekommen und versuchst, meinen Erwachsenenkram zu regeln. Das brauchst du nicht zu tun, meine Süße. Du bist hier, um zu spielen, um Spaß zu haben und um die Welt immer wieder neu mit staunenden Augen zu sehen.

Ich kümmere mich um alles, meine Kleine, du sprichst mit den Engeln. Ich brauche dich, deine Reinheit, deine Unschuld, deine Unbefangenheit. Du bist es, der immer neue Wege einfallen, wenn ich nicht weiterweiß, wenn ich in meiner langweiligen Erwachsenenwelt gefangen bin.

Ich liebe dich, und ich passe immer auf dich auf. Ich sorge für dich und werde nicht zulassen, dass dich jemals wieder jemand verletzt.

Wenn du willst, dann sage mir doch ins Ohr, was du gern tun würdest, und ich verspreche dir, das machen wir sofort, kleiner Schatz.

In Liebe …«

Und dann höre deinem Inneren Kind zu, und mache, was es dir sagt.

Meine Kleine will zum Beispiel manchmal, dass ich ein verrücktes Kleid anziehe, mir zwei unterschiedliche Schleifen in die Haare binde, das Gesicht bunt anmale (nicht hübsch, sondern bunt!) und mit ihr Pippi-Langstrumpf-Filme schaue.

Okay, dann bekommt sie das.

Sie hat auch eine wunderhübsche (sie braucht das nicht zu hören: aber sündhaft teure!) Puppe, die ich manchmal in den Arm nehmen soll, wenn sie traurig ist und sich nicht geborgen fühlt. Dann halte ich die Puppe im Arm, streichle sie und sage ihr, dass alles wieder gut wird.

Und irgendwie wird dann auch alles wieder gut.

FÜNF WUNDERBARE AUGENBLICKE

Schreibe ganz spontan fünf Situationen auf, in denen du heute glücklich warst oder dich zumindest wohlgefühlt hast. Das Gefühl, ein glückliches Leben zu führen, setzt sich aus den kleinen schönen Augenblicken zusammen, die du bewusst wahrnimmst. Wenn du keine fünf Momente findest, dann nimm dir für heute Abend, spätestens aber für Morgen vor, sie zu sammeln und dir zu merken. Wir erinnern uns so oft eher an das, was uns ärgert, weil wir es viel deutlicher spüren und viel bewusster wahrnehmen. Das zeigt, wo wir mit unserer Aufmerksamkeit sind.

Es wird vielleicht Zeit, zu lernen, schöne und glückliche Augenblicke genauso stark zu empfinden und wahrzunehmen. Also sammle sie, schreibe sie auf, und koste sie bis zur Neige aus, wenn du ihnen begegnest.

Beginne, dein Leben wirklich zu leben und nicht nur Strichlisten darüber zu führen, was dich heute wieder verärgert hat. Du nährst sonst nur die langweiligen, angstvollen Gedanken, die dich daran hindern, wirklich erfüllt und glücklich zu sein.

DIE FLÜGEL ÖFFNEN

Weißt du, wie es ist, zu fliegen? Stelle dir vor, du hättest Flügel zwischen den Schulterblättern; jetzt bewege ihre Muskeln. Spürst du sie? Stelle dir vor, wie du durch die Luft fliegst, der Sonne entgegen. Breite deine Schwingen aus. Welche Farbe haben sie? Kannst du das erkennen?

Manchmal, wenn meine Schultern sehr verspannt sind, habe ich das Gefühl, meine Flügel wären wie zusammengeknüllt unter das Schulterblatt geschoben. Kennst du das? Vielleicht hilft es dir, dir vorzustellen, wie sie sich erneut entfalten, um dich an das Fliegen zu erinnern. Ich merke dann, wie ich gleich aufrechter sitze und das Gefühl von innerer Freiheit wieder spüre.

DICH SELBST TRÖSTEN

Falls du eine Puppe hast, die du magst (und die dir vielleicht sogar ein bisschen ähnlich sieht? Kauf dir eine, das ist unglaublich heilsam!), nimm sie in den Arm. Wenn du keine hast, nimm ein Kissen. Alles geht, lasse dich einfach darauf ein.

Halte das Kissen oder die Puppe wie ein über alles geliebtes Kind, flüstere ihm/ihr die liebevollsten, tröstendsten Worte zu, die du dir nur ausdenken kannst. Sage ihm/ihr, wie sehr du es/sie liebst und wie du immer für es/sie da sein willst. Wenn du magst, nenne es/sie bei dem Kosenamen, den du als Kind hattest – wie haben sie dich genannt?

Deine liebevolle innere Mutter (oder dein innerer Vater) wird damit zum Leben erweckt, der Teil, der besser auf dich aufpassen kann, als du es vielleicht bisher getan hast. Du kannst das Kissen oder die Puppe streicheln, wie du es dir als Kind immer gewünscht hast, du kannst dir selbst jetzt all das geben, was du als Kind gebraucht hättest.

Nimm bitte nicht dein Haustier in den Arm, falls du eins hast, das ist ein anderes Lebewesen mit einer eigenen Energie, und du gibst ihm während dieser Übung Kraft, nicht dir selbst. Wenn du einfach so mit deinem Tier kuscheln und es streicheln willst, ist das eine wunderbare Sache, bei der jede Menge Liebe fließt, aber hier geht es um dein Inneres Kind.

Hier ein paar gute Botschaften an dein Inneres Kind, falls dir nichts einfällt. Es ist vielleicht ein bisschen ungewohnt.

* Ich liebe dich so, wie du bist, und nicht für das, was du tust.
* Du darfst sein, wie du willst, ich bin immer für dich da.
* Meine Liebe macht dich gesund.
* Ich sehe dich, und ich höre dich.
* Du kannst deiner inneren Stimme vertrauen.
* Du darfst all deine Gefühle haben, es ist okay, traurig oder wütend zu werden.
* Du darfst Nein sagen, sogar zu mir, ich liebe dich immer.
* Du darfst sein wie meine Eltern oder auch ganz anders, es ist immer richtig.
* Du darfst ein erfülltes Leben haben, egal, wie das Leben meiner Mutter oder meines Vaters aussieht, du hast nichts damit zu tun.

* Ich passe auf dich auf, und ich bin für dich da.
* Gehe spielen, Kind, du hast nichts damit zu tun. Das ist Erwachsenenkram (Rechnungen, Finanzamt, Ärger mit dem Vermieter oder im Büro …), und ich bin erwachsen.
* Ich regle das für dich, und du darfst fühlen, was du fühlst. Du hast recht, Kleines, mit dem, was du fühlst, und ich halte dich.
* Was brauchst du, Kleines, damit du dich geborgen fühlst? (Dann höre deinem Inneren Kind zu, es antwortet meist mit einer Idee, nimm es bitte ernst, und mache das.)

Wenn du genug hast, legst du dein Inneres Kind sanft wieder an seinen Platz und versicherst ihm, dass du jederzeit für es da bist.

Wenn ich traurig oder sehr ausgebrannt bin oder gar einen Verlust erlitten habe, vergesse ich manchmal, dass es mein Inneres Kind ist, das Trost braucht.

LIEBE VERSCHENKEN

Probiere das vorzugsweise erst einmal mit einem Haustier, das ist am einfachsten. Nichts gibt dir mehr Kraft und Energie, als jemanden zu lieben – nicht geliebt zu werden, sondern das Herz zu öffnen und Liebe aus dir herausfließen zu lassen.

Aber halt!

Das heißt nicht, emotional von jemandem abhängig zu sein und ihm oder ihr hinterherzuschmachten. Das raubt dir jede Kraft, auch wenn es vielleicht einen billigen Adrenalinkick verspricht. Das ist nicht Liebe. Liebe ist dieses warme, offene

Gefühl im Herzen, das nichts will oder braucht, sondern einfach fließt und dich dabei wärmt.

Kennst du das Lächeln, das sich automatisch auf deinem Gesicht ausbreitet, wenn du kleinen Kätzchen oder Hündchen oder Kindern beim Spielen zusiehst? Es spielt keine Rolle, wer oder was dein Herz öffnet. Wenn es Lebewesen gibt, die das können, dann verbringe so viel Zeit wie möglich mit ihnen.

Alles, was dein Herz wärmt und öffnet, braucht einen angemessenen Platz in deinem Leben. Und wenn du keine Katze oder keinen Hund halten darfst, dann kaufe dir ein großes Plüschtier. Verstehst du, es ist doch egal, wie es für andere aussieht.

Oder ziehe aus der Wohnung aus. Jaja, ich weiß, leicht gesagt. Aber es geht um dein Herz und um die unermessliche Energie und Kraft, die von hier aus in dein Leben fließen kann, wenn du es nur zulässt.

So schließe deine Augen, und erlaube deinem Herzen, dir zu zeigen, was es braucht.

Mein erstes Tier als Erwachsene war ein kleines, schwarzes Kaninchen, meine Bianca. Es war nicht meine Idee, meine damalige Therapeutin fragte mich, was mein Inneres Kind gern hätte, damit es sich erkannt und gewürdigt fühlt.

Und glaube mir, die Antwort kam wirklich überraschend. Ich wäre niemals darauf gekommen, mir ein Tier anzuschaffen, aber sofort begann etwas in mir zu jubeln. Es war wunderbar, das Kaninchen zu holen und meinem Herzen zu folgen. Ich habe mich nur gefragt, warum ich da nicht von allein draufgekommen bin. Manchmal sieht man wirklich den Wald vor lauter Bäumen nicht.

Diese Frage gebe ich hiermit an dich weiter: Was braucht dein Herz, damit es sich ernst genommen fühlt und einen größeren Raum in deinem Leben einnehmen kann? Magst du vielleicht einmal darüber nachdenken, ihm zu folgen?

ZEHN DINGE, DIE DU AN DIR LIEBST

Eine echte Herausforderung! Setze dich vor einen Spiegel, schaue dir in die Augen, und zähle zehn Dinge auf, die du an dir liebst. Wenn du das nicht kannst oder willst, dann schließe die Augen, und sieh dein Gesicht vor dir. Es ist wichtig, dass du es zu dir selbst sagst, nicht nur so vor dich hinmurmelst. Zehn Dinge?

Dein Gesicht, deine Hüften, deine Haare. Alles vielleicht nicht so, wie du es willst. Was sollst du nur aufzählen? Nun, was ist mit deiner Leber? Arbeitet sie nicht gerade wunderbar für dich? Was ist mit deinen Muskeln, die dich alle Bewegungen ausführen lassen, die du machen willst? Was ist mit deinem Becken, das so herrlich warm werden kann. Was ist mit deinem Verstand, mit deinem Herzen, mit deiner Haut, die jede noch so sanfte Berührung spürt?

Verstehst du? Gehe weg von deiner Bewertung, schaue nicht auf deinen Bauch oder deine Haare. Beginne, dich zu spüren, dich wahrzunehmen. Du bestehst nicht nur aus der Form deines Körpers, es gibt so viele Dinge an dir, die du lieben könntest, wenn du sie nur bemerken würdest: deine Art zu lachen, zu kochen, zu schreiben, Dinge zu reparieren, deine Hände, die so wundervolle Dinge tun können, deine Wirbelsäule, die so biegsam ist, und liebst du nicht dein Trommelfell, das all die herrliche Musik an dein Gehirn weitergibt?

Du brauchst nicht zu lernen, dich zu lieben, du brauchst nur zu spüren, dass du es bereits tust. Und beginnst du nicht bereits, über das bisschen, das vielleicht nicht deinen Idealvorstellungen entspricht, zu lächeln?

Kämpfe nicht gegen deine Besessenheit vom perfekten Aussehen, konzentriere dich lieber auf die Dinge, die bereits perfekt sind. Oder kennst du vielleicht jemanden, der einen hübscheren Magen hat als du?

Kannst du dir nun in die Augen schauen und sagen: »Was ich an mir wirklich liebe, ist ...«?

EINE ENERGIELISTE SCHREIBEN

Manchmal hilft es, dir klar zu machen, was dich so ausgepowert hat. Schreibe doch eine Liste mit allem, was du heute getan hast. Schreibe vor allem auch die Menschen auf, mit denen du es zu tun hattest. Strenge dich nicht an, schreibe es einfach auf. Wenn du etwas vergisst, macht das nichts; falls es wichtig ist, wird es dir noch einfallen.

Setze ganz spontan und ohne nachzudenken ein Plus, ein Minus oder ein »n« für neutral hinter jede Tätigkeit und jeden Namen.

Nun schaue dir deine Liste an, und du weißt, ob dir das, was du heute getan hast, Energie gegeben oder genommen hat.

Vielleicht bist du erstaunt, wenn hinter dem Namen deiner besten Freundin ein Minus steht. Hat sie dich vielleicht in der letzten Zeit ein bisschen angestrengt? Oder du hast ein Plus hinter einer Arbeit, von der du dachtest, dass du sie nicht magst? Auch das ist spannend, nicht?

Gehe nun die Liste noch einmal durch, und schaue, was du ändern kannst, auch wenn es nur Kleinigkeiten sind. Manchmal merken wir gar nicht, wie sehr wir uns verzetteln, obwohl es gar nicht nötig gewesen wäre. Vielleicht möchtest du mehr von dem machen, wo ein Plus steht, auch das ist bereits eine Veränderung.

Alles, was ein Minus hat, solltest du einer ernsthaften Prüfung unterziehen. Vielleicht wirst du in absehbarer Zeit doch das eine oder andere ändern wollen?

Du brauchst heute noch nicht zu wissen, wie das geht. Sicherlich hast du auch eine Menge Angst davor und glaubst, zu alt, zu jung, zu arm, zu einsam oder zu verheiratet zu sein. Es genügt, wahrzunehmen, dass es Dinge gibt, die dir Energie rauben, auch wenn du sie heute noch nicht ändern kannst. Das zu leugnen und schönzureden macht es nur schlimmer, es entfernt dich von einer Lösung und kostet dich noch mehr Kraft. Erlaube dir, es so stehen zu lassen, wie es ist, und keine Kontrolle darüber auszuüben, wie du dich damit fühlst.

Ja, es ist nicht alles in Ordnung. Und ja, das ist für heute okay.

Wenn du magst und offen dafür bist, kannst du deinen Schutzengel darum bitten, dich in diesem Bereich zu mehr Liebe, Lebendigkeit und Freude zu führen, das ist nun aber wirklich alles, was es für heute zu tun gibt.

POSITIVE SÄTZE SCHREIBEN

Nimm irgendein dir angenehmes Wort, zum Beispiel Kraft, Liebe, Freude, Zärtlichkeit oder Wärme, und formuliere damit drei Sätze, die Lebensfreude ausdrücken. Das ist schwierig, was? Es ist so viel leichter, in Trauer und Energielosigkeit zu versinken, als sich bewusst auf die Seite des Lichts zu begeben.

Aber Energielosigkeit wollten wir ja nicht mehr.

Du lernst, dich mit aller Entschlossenheit für die lebendige Seite des Lebens zu entscheiden, wenn du bewusst positive Sätze schreibst. Vielleicht kaust du erst einmal drei Bleistifte ab, aber du beschäftigst dich mit guten, kraftvollen Gedanken. Das ist so viel besser, als immer in dem gleichen langweiligen Suppentopf zu rühren.

Ich gebe dir ein Beispiel.

Freude:

Voller Freude spüre ich, wie lebendig mein Körper ist. Ich sehe, wie die Sonne scheint, und ich höre glücklich einige Vögel zwitschern.

Das ist abgedroschen? Schreibe es einfach ab, dann spürst du, was ich meine. Klar, es ist vielleicht einfallslos, aber »Mein Alltag ist trist und langweilig, und ich habe keine Freude in meinem Leben« ist auch nicht viel origineller, oder?

Gestatte dir, die »alte Leier« loszulassen und dich ganz klar und bewusst auf die Seite der Freude zu begeben. Und wenn dir tatsächlich kein positiver Satz einfällt, dann tuc so, als ob! Was würdest du schreiben, wenn du ein glücklicher Mensch wärst? Siehst du, gleich fällt dir etwas ein. Vielleicht ist es noch ein bisschen künstlich oder aufgesetzt, aber das macht nichts, wir üben ja.

Es darf übrigens ruhig kitschig oder albern klingen. Das kommt uns nur so vor, weil wir es anscheinend für tiefgründiger halten, zu klagen und das Schlimmste anzunehmen.

ENGELMEDIZIN

Setze dich bequem hin, bitte deinen Schutzengel, dir zu erscheinen (und zwar so, dass du ihn auch wirklich spürst), und halte die linke Hand ausgestreckt.

Die linke deshalb, weil die linke Seite nach der chinesischen Lehre die empfangende Seite ist, die weibliche, die »Yin«-Seite. Wenn dir das zu fremd ist, dann nimm die linke Hand, weil auf der linken Seite dein Herz ist. Und wenn dir das noch immer zu fremd ist, dann nimm die Hand, die du willst, es ist wirklich egal. Wenn es sich für dich richtig anfühlt, dann ist es für dich auch richtig.

Also, strecke deine Hand aus, und bitte deinen Schutzengel, dir eine Pille zu geben, die alles enthält, was du gerade brauchst. Wenn du magst, kannst du dir eine Tablette in der Farbe vorstellen, die du liebst. Bitte deinen Schutzengel, dir alle Informationen, alle Liebe, alle Heilung hineinzulegen, die du jetzt brauchst, und sei offen für das, was du nun spürst. Vielleicht hörst du Worte, vielleicht erscheinen dir innere Bilder, vielleicht spürst du Wärme oder Entspannung, vielleicht kribbelt deine Hand.

Ich habe die Übung gerade eben, bevor ich sie dir zu beschreiben begann, gemacht, weil ich ein bisschen unruhig und angespannt war. Weißt du, was mir die Engel auf die Hand gelegt haben? Ein Herz, wie eine winzig kleine, perfekte Torte in Herzform, rosa, mit Kerzen drauf und allem. Rosa Licht strömte von der Torte aus, und ich habe diese besondere Liebe gespürt.

Das war wunderbar und viel besser als alles, was ich mir selbst hätte ausdenken können. Ich hätte mir eher eine Kraftpille verschrieben, irgendwas, was mir Klarheit und Energie zum Arbeiten gibt, aber ganz sicher keine Liebe. Und dann auch noch in so romantischer Form ...

Das ist der Unterschied zwischen mir und meinem Engel: Mein Engel liebt mich, ich treibe mich an.

Also, was gibt dir dein Engel? Lasse dich überraschen, und sei offen für alles. Falls du zu Beginn noch nicht viel spürst, dann lasse es einfach so stehen. Dein Engel wird dich trotzdem mit allem versorgen, was du brauchst, und mit der Zeit wirst du es auch wahrnehmen.

Wenn du das Gefühl hast, die »Pille« sei fertig, dann nimm sie in den Mund, schlucke sie, und nimm wahr, wie sie zu wirken beginnt, deine Energiezentren ausgleicht und dich friedlich, ruhig und ausgeglichen (oder was immer gerade gut ist für dich) sein lässt.

Wenn du nun Danke sagen willst, dann tue es.

EIN SCHAUMBAD FÜR DEIN INNERES KIND

Und wenn ich Schaum sage, dann meine ich Schaum. Manchmal müssen wir einfach alles vergessen, was wir über trockene Haut wissen, und unserem Inneren Kind erlauben, in riesigen, duftenden Schaumbergen zu träumen und Entchen schwimmen zu lassen. Nimm den schönsten Duft, den du nur finden kannst, fülle deine Badewanne mit wunderbar warmem Wasser, und erlaub deinem Inneren Kind, in Schaum zu schwelgen.

Sei bitte ausdrücklich nicht praktisch, effektiv und erwachsen, wenn du dieses Ritual durchführst. Lasse die Haare, wie sie sind, vergiss die Maske für dein

Gesicht und den rauen Luffahandschuh – Kinder mögen das nicht.

Erlaube dir, wirklich Spaß zu haben, puste den Schaum von deiner Hand, türme ihn dir auf den Kopf, sei so albern, wie du willst. Ich habe mir als Kind immer gewünscht, ich hätte ein Schloss aus Schaum. Kannst du dir vorstellen, wie es wäre, darin zu leben?

Das Schaumbad erfüllt dich mit spielerischer Freude und Leichtigkeit (Schaum ist Luftenergie). Es nimmt dir alles allzu Ernsthafte und Funktionierende, wenn du dich wirklich darauf einlässt.

FOTOALBUM MIT GLÜCKSMOMENTEN

Vielleicht möchtest du dir Bilder aussuchen, auf denen du wirklich glücklich aussiehst und sie in ein ganz besonderes Album kleben? (Übrigens: Warum behältst du eigentlich »unglückliche« Bilder von dir? Magst du sie nicht aussortieren oder verändern?)

Es gibt so hübsche Aufkleber und Glitzerstifte. Vielleicht möchtest du das Album schön dekorieren, ein paar Worte dazuschreiben oder Schleifen hineinkleben. Du kannst sogar dein Album selbst basteln, indem du ein schlichtes Exemplar nimmst und es neu beziehst.

Seit ich das Wunder der Heißklebepistole entdeckt habe, ist bei mir nichts mehr vor meiner Dekorierlust sicher. Es ist wie ein innerer Zwang, überall Seidenrosen draufzukleben. Mein Inneres Kind jubelt dann jedes Mal.

Lasse dein Inneres Kind entscheiden, auch wenn es die Erwachsene in dir vielleicht kitschig oder albern findet.

Mache es nicht mundtot, bitte nicht, es ist sowieso schon ziemlich verschüchtert, nicht wahr?

Ich habe meine ganze Kindheit verändert, indem ich Bilder von unglücklichen Momenten in glückliche verwandelt habe. Zum Beispiel habe ich ein Geburtstagsbild, da wurde ich sechs Jahre alt, und meine Haare waren gegen meinen Willen sehr kurz. Also schnitt ich mir eine lange Strähne ab (hinten am Nacken, muss ja nicht jeder sehen) und klebte sie der Kleinen auf dem Bild an. Du kannst dir nicht vorstellen, wie sehr sie sich gefreut hat. Sie wollte dann noch ein paar Glitzerschmetterlinge, die habe ich mit auf die Seite geklebt, immerhin hat sie Geburtstag.

Das ist Arbeit mit dem Inneren Kind, und es heilt die alten Wunden. Du kannst das ganz allein, du brauchst dich bloß selbst zu fragen, was dir gefehlt hat, und es dir geben. Heute bist du erwachsen, du hast die Kontrolle.

Du kannst malen, Dinge aus einem Katalog ausschneiden und mit dazulegen. Du kannst dir Haare abschneiden oder ein kleines Kleidchen nähen und auf das Bild kleben. Du kannst die Verantwortung für dein Inneres Kind übernehmen und dir die Kindheit schaffen, die du haben wolltest – zumindest in weiten Teilen. Du kannst wunderschöne Postkarten kaufen, zum Beispiel von deiner Lieblingslandschaft, und ein Bild von dir hineinkleben. Nimm ein Bild von einem Delfin, und klebe dein Gesicht darauf, wenn du dich manchmal genauso leicht und frei fühlen möchtest.

Folge deiner Fantasie, tue, was du willst! Wenn du erst einmal damit begonnen hast, werden dir immer mehr Ideen kommen. Und immer, wenn du dieses Album in die Hand nimmst, spürst du die Liebe, die du dir selbst gibst.

DEIN PERSÖNLICHES KRAFTBUCH

Besorge dir ein schönes Heft oder ein Tagebuch, und schreibe erhebende Gedanken und wichtige Erkenntnisse auf. Du sammelst damit deine eigene Energie, um bei Bedarf darauf zurückgreifen zu können. Wenn du meditierst, schreibe auf, was du gespürt hast. Wenn du einen wunderbaren Moment erlebst – sei es ein Sonnenuntergang, der Genuss eines köstlichen Gerichts oder der erste Schmetterling des Jahres –, versuche, es in Worte zu fassen, damit du darauf zurückgreifen kannst, wenn du einmal vergisst, wie wunderbar die Welt ist.

Vielleicht liegt dir aber das Malen mehr – dann male deine gute Energie. Du kannst auch Postkarten oder Eintrittskarten sammeln, alles, was dir ein gutes Gefühl gibt und dich daran erinnert, wie sehr du es liebst, auf der Erde zu sein.

Ein Satz, den ich während meiner Hochzeitsreise in mein Tagebuch geschrieben habe und den ich immer wieder lese, lautet:

»Juni 1998, ich sitze gerade in einem Café am Meer. Sonne, köstlicher Milchkaffee – einer von unendlich vielen kostbaren, perfekten Momenten, Momente, in denen ich die Kraft, die Freude und die Liebe des Lebens spüre.«

Immer wenn ich verzweifelt, traurig oder mutlos bin und das lese, weiß ich, ich habe mich zumindest einmal vollkommen in meiner Mitte und glücklich gefühlt, obwohl ich auch damals schon einiges hinter mir hatte, wie wir alle, wenn wir bis hierher gekommen sind.

Ich kenne also das Gefühl, wirklich glücklich zu sein, ich hatte es bereits, also kann ich es wieder haben.

Manchmal vergesse ich das.

EIN BESONDERER GEBURTSTAG

Hast du heute Geburtstag? Nein? Egal, wir entscheiden das jetzt einfach. Also, herzlichen Glückwunsch.

Im Ernst: Nimm dir einen Tag frei, und tue so, als hättest du Geburtstag. Mache nur, was du willst, und bereite dir selbst einen wunderschönen Tag. Fahre in eine Stadt, die du liebst, gehe ins Kino, gehe essen, in ein Konzert, in ein Musical, kaufe dir ein tolles Kleid, gehe schwimmen oder in ein Wellnessbad. Putze nicht deine Wohnung, wasche nicht deine Wäsche, und ordne bitte nicht deine Papiere. Tue so, als wärst du deine beste Freundin – was würde sie für dich planen? Lasse es dir für einen Tag wirklich gut gehen, unternimm Dinge, die du normalerweise nicht tust.

Du wolltest schon immer einmal eine Ballonfahrt machen? Lade dich selbst dazu ein, bitte. Es wäre schade, wenn du das verpasst, nur weil nie Zeit dazu war oder es immer Wichtigeres zu tun gab. Schaue in deine Spaßbox, und ziehe drei Wünsche: Einen oder zwei davon kannst du sicher verwirklichen.

Ich weiß nicht, wie es dir geht, aber ich finde es ziemlich schwierig, nicht produktiv zu sein, sondern einen Tag lang einfach nur Spaß zu haben. Deshalb ist die Vorstellung, Geburtstag zu haben, wirklich hilfreich, nicht? Übrigens: Denke doch bitte daran, dir an diesem Tag deine Lieblingsblumen zu schenken. Nur damit du es nicht vergisst ...

REINIGUNG:
DEINE GRENZEN NEU ZIEHEN
UND BEWAHREN LERNEN

Wenn wir uns zu lange in Bereichen aufhalten, in denen wir gar nicht leben wollen, wenn wir es anderen zu lange recht machen und nicht unsere innere Wahrheit leben, verlieren wir rascher, als wir glauben, den Kontakt zu unserer Mitte und zu unserer inneren Führung. Wir verlieren den Halt, fühlen uns all unserer Kraft beraubt und geben uns selbst auf.

Wusstest du, dass es dir viel leichter fällt, deine Wahrheit, dein Ja und dein Nein, zu spüren, wenn du gut geerdet bist? Das wichtigste Merkmal (und für die Seele die größte Herausforderung) der Erdenergie ist die feste Form. Etwas zu formen, in die Form zu bringen, meint, sich für eine Möglichkeit der Manifestation zu entscheiden, aus dem Bereich der Vielfalt in den Bereich der Eindeutigkeit zu wechseln. Ein Baum ist ein Baum, und selbst wenn die Quantenphysik weiß, dass sich die Ordnung der Teilchen immer wieder neu »entscheidet«, einen Baum zu bilden, so ist die Wahrscheinlichkeit, dass der Baum stabil bleibt, doch sehr hoch. Um Materie zu bilden, legen sich die Teilchen (bitte erlaube mir, das hier so einfach auszudrücken) fest, zumindest so sehr, wie ihnen das die Gesetze der Physik erlauben. Sie gehen die in dieser Dimension größtmögliche Bindung ein und zeigen damit ein Gesicht, eine Form, sagen Ja zu dieser Form und damit Nein zu jedem anderen Ausdruck. Dieses Festlegen findest du nicht in den höher schwingenden Dimensionen des Bewusstseins, es ist Energie, Schwingung und immer wieder veränderlich.

(Auch die Materie ist nicht vollkommen stabil, aber in ihrer Veränderlichkeit doch recht zuverlässig. Du musst nicht alle fünf Minuten mit deinem Tisch verhandeln, damit er noch ein bisschen seine Form behält, zumindest so lange, bis du zu Ende gefrühstückt hast, er wird schon so nett sein, noch ein bisschen dein Tisch zu bleiben.)

Was soll dieser Vortrag?

Ganz einfach. In der Materie liegt die Kraft der Form, der Entscheidung, der Dualität. Und diese Kraft brauchst du, um bei dir zu bleiben und Nein sagen zu können. Die Erfahrung zeigt, dass Menschen, die sich in meditativer, aber nicht besonders geerdeter Haltung befinden, viel weniger gut Nein sagen können als Menschen, die sich bewusst gut geerdet haben. Und nun kannst du dir vorstellen, wie wenig du dich abgrenzen kannst, wenn du nicht einmal in meditativer, sondern einfach in einer vor sich hinschwebenden inneren Haltung verweilst! Wenn du nicht richtig »da« bist, dann steht dir die Kraft der Erde nicht hinreichend zur Verfügung. Aber diese Kraft ist es, die du brauchst, um dich abzugrenzen! Bitte also die Erde, dich zu halten und zu tragen, versöhne dich mit ihr, und nutze ihre stabilisierende, nährende Kraft, um deinen Weg zu gehen. Du brauchst die Kraft der Erde, um zu manifestieren. Das ist kein schlauer Satz aus einem Lehrbuch, sondern gelebte Erfahrung, schlicht Physik. Wenn dir die Kraft der Erde nicht zur Verfügung steht, dann fehlt dir das Werkzeug, mit dem die Dinge sichtbar, fühlbar und in Form gebracht werden.

Möglichkeiten, dich zu erden, gibt es viele, je nachdem, ob du die starke Energie eines Baumes, die sanfte Kraft einer Lotosblume oder etwas anderes brauchst.

NEUE ERDUNG

Stelle dir einmal bitte vor, du hättest unter deinen Füßen eine Art Energiezentrum, das man als »Erdchakra« bezeichnen könnte. Chakra heißt einfach nur »Rad« und meint einen sich drehenden Wirbel aus Kraft. Egal, ob du an solche Dinge glaubst oder nicht, es hilft, mit inneren Bildern zu arbeiten, wenn man etwas für sich selbst tun will. Innere Bilder aktivieren bestimmte Hirnteile, in denen Hormone produziert werden.

Stelle dir also dieses Erdchakra vor. Das kannst du gleich jetzt tun, schließe einfach kurz die Augen, und lies dann weiter.

Wie sieht dein Erdchakra aus? Schaue bitte nach, ob andere Menschen ihre Wurzeln in dein Erdchakra hineinwachsen lassen, ob sich also andere an dir und deiner Energie laben, sich durch dich ernähren. Gibt es dir genug Energie? Oder ist es dunkel und stumpf geworden? Wie auch immer es sein mag, es ist genau richtig, lasse es einfach so sein. Es hat wenig Sinn, das vorhandene Erdchakra ändern zu wollen, es gibt etwas Besseres.

Stelle dir nun bitte vor, Mutter Erde wäre ein echtes Wesen, mit dem du kommunizieren kannst, stelle es dir einfach vor, es ist doch egal, ob das stimmt oder nicht. Das mit dem Chakra hat ja auch geklappt, oder?

Bitte Mutter Erde jetzt, dir aus ihrem Herzen heraus ein neues Erdchakra zu erschaffen, eines, das dich nährt, dich hält und trägt. Und das nur dir gehört.

Wenn du dein neues Erdchakra siehst, wenn du es dir vorstellen kannst oder es gar spürst, dann mache in Gedanken

bitte einen großen Schritt, und stelle dich bewusst und ausdrücklich auf das neue Erdchakra. Lasse das alte hinter dir.

Kennst du dich mit Familienstellen aus, dann schreibe
auf einen Zettel »Mein neues Erdchakra«, und lege es vor dir
auf den Boden. Stelle dich ganz bewusst darauf, und tue das
immer wieder, wenn du erlebst, dass dich andere Menschen
oder Situationen doch wieder anzapfen. Du kannst das so oft
tun, wie du willst.

Spürst du, wie Energie durch deine Füße in dich einströmt?
Gut. Sehr gut.

DEINE KRAFT ZU DIR ZURÜCKHOLEN

Kannst du dir vorstellen, in den letzten Jahren so viel von
deiner Kraft abgegeben zu haben, dass du jetzt einfach ausgebrannt sein musst? Das kannst du dir sehr gut vorstellen?

Wir wissen oft nicht, wie wir uns die Kraft, die wir anderen
geben, zurückholen können, wenn sie der andere nicht mehr
braucht, noch nie gebraucht oder sie sogar von uns gefordert
hat – und wir gehorchten, ohne es zu wollen.

Schließe deine Augen, nachdem du die Übung gelesen hast,
und erlaube dir, zu sehen, was du siehst, und zu wissen, was
du weißt.

Das ist wichtig, denn in fast keinem Bereich wollen wir so
wenig wahrhaben, was wir fühlen, wie im Bereich des »Retter-
syndroms«, um das es in dieser Übung geht.

Wir wollen helfen und für andere da sein, aber in diesem
Buch geht es um dich, es geht darum, wie du für dich

da sein kannst, damit andere nicht für dich tun müssen, was du selbst für dich tun kannst.

Nun stelle dir deine Kraft als Lichtball vor, der glüht und strahlt. Oder ist er ein bisschen matt? Das kann auch sein, das ist okay. Welche Farbe hat er, und wo in deinem Körper befindet er sich? Bewerte das nicht, lasse es sein, wie es ist; wir möchten uns erfahren, nicht kontrollieren.

Nimm die Strahlen wahr, die von diesem Lichtball aus zu Menschen in allen möglichen Situationen fließen: hell und weniger hell leuchtende, je nachdem, wie viel Energie du hineingibst.

Und nun frage dich, ob alle Energie so fließt, wie dein Herz, deine Seele es will. Erlaube dir, die Antwort zu hören, auch wenn sie dich vielleicht erschrecken könnte. Wegsehen macht wirklich keinen Sinn, liebste Seele, das weißt du doch.

Segne die Strahlen, zu denen du innerlich Ja sagst, lasse sie noch leuchtender und klarer werden, und gib all deine Liebe hinein. Das war leicht, doch nun brauchst du Mut. Wahrscheinlich wirst du eine Menge Lichtstrahlen bemerken, vielleicht sogar sehr dicke, bei denen die Antwort ein deutliches Nein ist.

Lasse dich davon nicht beeindrucken, das passiert uns allen. Ziehe sie einfach zu dir zurück. Stelle dir vor, wie sich der Strahl von der Situation oder der Person löst und in deinen Lichtball zurückfließt.

Vielleicht gibt es auch Strahlen, bei denen du richtiggehend Wut spürst, Energie, die du nie geben wolltest, die dir abverlangt oder abgepresst wurde.

Rufe die Energie zu dir, sage laut: »Ich nehme meine Kraft zu mir zurück.«

Nun musst du vielleicht weinen, weil du den Kampf aufgibst, denn das ist es, was passiert, wenn du deine Energie zurückziehst. Du lässt die Situation los, du kontrollierst sie nicht länger, du verlässt innerlich den Raum.

Das kann sehr befreiend sein, aber auch beängstigend, besonders dann, wenn du lange Zeit damit verbracht hast, jemanden zu »retten« oder um seine Liebe zu kämpfen.

Tue es dennoch, es dient weder dir noch dem anderen, eine Situation mit so viel Kraftaufwand am Leben zu erhalten. Wenn es nicht von allein fließt, dann fließt es gar nicht, dann »erschaffst« du die Situation und bezahlst einen ziemlich hohen Preis dafür.

Wie sieht dein Lichtball nun aus, ist er heller, leuchtender oder größer geworden?

Und spürst du, wie deine Kraft stärker zu werden beginnt? Wiederhole die Übung jeden Tag, damit du ein Gefühl für deinen inneren Zustand bekommst. Irgendwann wirst du, noch während du Energie abgibst, spüren, ob dir das überhaupt recht ist. Und wenn nicht, wirst du es nicht mehr zulassen.

Wenn das alles nicht funktioniert, lasse dir von einer höheren Kraft ein geeignetes Werkzeug geben, und schneide den Strahl, den du nicht abgeben willst, in deiner Vorstellung einfach ab.

LICHT ATMEN

Das ist nur eine kleine Erweiterung der Atemübungen, die du schon kennst. Setze dich bequem hin, schließe deine Augen, und bitte ein Licht in der Farbe, die für dich jetzt am besten ist, vor deinem inneren Auge zu erscheinen. Wenn du keine Farbe sehen kannst, dann bekommst du vielleicht ein Wort – viele Menschen hören ihre inneren Botschaften, auch die Bilder.

Nun beginne, das farbige Licht mit jedem Einatmen in dich aufzunehmen, lasse es so leuchtend und klar sein, wie es nur geht. Du darfst das Licht bitten, an alle Stellen zu fließen, die es brauchen, egal, ob du weißt, welche es sind oder nicht. Bitte es sogar, besonders an die Stellen zu gehen, von denen du nichts weißt.

Vielleicht beginnst du bereits zu spüren oder zu sehen, wie dein Körper leichter wird, lichter und heller. Vielleicht ändert sich auch die Farbe des Lichts. Versuche, es sein zu lassen, wie es ist, und den Prozess nicht weiter zu kontrollieren. Es kann sein, dass eine ganz andere Farbe erscheint als die, die du dir mit deinem Bewusstsein aussuchen würdest. Erlaube ihr, so zu sein, wie sie eben ist.

Besonders dann, wenn du schon ein bisschen mit Farben und Chakren gearbeitet hast, solltest du nicht gleich versuchen, zu verstehen oder zu interpretieren, was die Farbe dir sagen will. Lasse sie einfach dahin fließen, wo sie benötigt wird. Wenn es etwas für dich zu wissen gibt, wirst du es spüren.

Lasse sie in alle Körperteile fließen und dir Reinigung, Heilung, Neubelebung und Gesundheit bringen. Stelle dir vor, wie sie deine Organe sanft küsst und weckt, wie sie deine Muskeln entspannt, deine Knochen stärkt. Dein Blut beginnt zu leuchten, wirkt frischer, lebendiger, trägt die Lichtenergie bis in die kleinste Zelle. Dein Herzschlag beruhigt sich, wird gleichmäßiger und kraftvoller.

Nun möchtest du vielleicht beginnen, mit jedem Ausatmen alles loszulassen, was du nicht mehr brauchst. Das können Gedankenfetzen sein, Gefühle, vielleicht siehst du auch innere Bilder wie schwarze Schlacken, die sich gebildet haben und deinen Körper verlassen möchten.

Du brauchst diesen Prozess nicht allzu sehr zu kontrollieren und dich nicht anzustrengen. Es genügt, wenn du bereit dazu bist, und selbst wenn du nicht klar und deutlich spürst, was geschieht, wirkt er in deinen tieferen Schichten.

Wenn du dich klarer und erfrischter oder entspannter fühlst, dann beende diese Übung, indem du dir selbst Danke sagst und die Augen öffnest.

DAS GOLDENE VLIES

Diese Übung stammt aus dem Buch »Ein Schutzschild für die Seele«[**] von Dorothy Harbour. Ich habe sie ein bisschen erweitert:

Stelle dir vor, du liegst auf einem wunderbar weichen, goldenen Fell. Es kann ein Schaffell sein oder ein anderes – Hauptsache, es ist weich und flauschig. Es wärmt dich, es gibt dir Geborgenheit, seine Weichheit und Leuchtkraft entspannen dich, und du kannst alles loslassen. Du seufzt vielleicht auf, endlich darfst du dich fallen lassen.

[**] Dorothy Harbour: Ein Schutzschild für die Seele. Spirituelle Energie aufbauen, bewahren, verteidige. Integral Verlag 2001.

Du weißt, das goldene Fell birgt Reinigungs- und Heilkraft in sich. Und nun, während du dich noch tiefer hineinkuschelst, beginnt es, sanft nach oben zu schweben, durch deinen Körper hindurch. Das Fell wirkt dabei wie ein Filter, es nimmt alle dunklen Energien aus dir heraus. Alles, was dich nicht länger unterstützt oder dir Kummer bereitet, nimmt es mit.

Spüre, wie es Schicht für Schicht durch deinen Körper gleitet. Seine Wärme, das goldene Leuchten und seine Heilkraft nehmen alle Schlacken mit, die sich in deinem Körper, aber auch in den Auraschichten gebildet haben.

Wenn du das Gefühl hast, es wird zu schwer, weil es bereits so viel herausgefiltert hat, dann lasse es seitlich aus deinem Körper herausschweben und sanft nach oben steigen. Sieh, wie von oben Engel kommen, die das Vlies voller Freude entgegennehmen, um es zu reinigen. Vielleicht nimmt es ganze Körperteile mit sich, vielleicht auch nur ein wenig dunkle Energie aus dem Bauch. Lasse es zu; so, wie es geschieht, ist es richtig.

Gleich erscheint ein neues Fell, es gleitet leicht und sanft durch die bereits gereinigten Stellen deines Körpers und deiner Energieschichten und filtert erneut alles aus dir heraus, was du nicht mehr brauchst. Vielleicht spürst du alte Gefühle, vielleicht kommen Tränen, oder du erschrickst über das, was sich da angesammelt hat. Lasse es zu, dann lasse es gehen. Letztlich hast du das alles geschafft, du darfst gelassen und entspannt bleiben, voller Vertrauen in dich selbst.

Das goldene Vlies schwebt sanft und wärmend durch deinen Körper hindurch. Es nimmt dir auch alle Gedanken, die dich nicht länger mit Lebendigkeit und Kraft versorgen, und verlässt dann deinen Körper. Es schwebt einen Moment lang über dir, und du kannst dir, wenn du willst, noch einmal all die dunklen Flecken in dem Fell anschauen. All das brauchst du nun nicht mehr mit dir herumzutragen, es wird dich nicht länger festhalten.

Erlaube dem Vlies, nach oben zu steigen und alles mit sich zu nehmen, auch wenn es sich nun vielleicht an den Stellen, an denen vorher die alten Gefühle und Gedanken saßen, ein wenig leer anfühlen könnte.

Es wird von lachenden Engeln in Empfang genommen. Sie freuen sich, dich wieder ein Stück mehr von alter Energie zu befreien. Sie reinigen das Vlies mit ihrem Lachen, die alte, festgehaltene Energie löst sich und wird zu dem, was sie einst war: pure, reine Lebensenergie.

Das goldene Vlies steht dir nun wieder zur Verfügung, weich, warm und voller leuchtender Heilkraft.

Nun bitte um eine Wolke aus Licht, eine wunderbar glitzernde, goldene oder weiße Wolke, sie funkelt wie Diamantenstaub. Wenn du sie in all ihrer Lebendigkeit, Liebe und Kraft vor dir siehst und in dir spürst, dann tritt hinein. Knisternd füllen sich alle Stellen deiner Aura, die nun vielleicht ein wenig »dünn« geworden sind, mit reiner Lebensenergie. Sie ist noch ungeformt, dir stehen alle Möglichkeiten offen, sie zu leben. Deine Aura wird neu belebt, vielleicht ganz neu angeordnet. Du hast nun eine echte Möglichkeit, Dinge anders wahrzunehmen und anders zu reagieren.

Die Wolke schwebt durch dich hindurch, und wenn es noch irgendwo vergessene Spinnweben aus Energie gibt, nimmt sie diese mit sich. Sie reinigt dich bis in die feinsten Winkel, und übrig bleibst nur noch du: die leuchtende, liebevolle Energie deiner Seele.

Im tiefsten Inneren sind wir alle Licht, es gibt nichts, das in dir nicht Licht ist. Du hast es vielleicht ver-

gessen, und manchmal sieht es womöglich nicht so aus, doch es ist so. Du kannst nicht anders, als Licht zu sein. Egal, was du tust, sagst oder fühlst, du bist Licht, und alles ist ein Ausdruck dieses Lichts, sogar seine scheinbare Abwesenheit.

Du brauchst dich nie wieder anzustrengen, um »gut« oder gar »gut genug« zu sein, denn du kannst gar nicht anders, als ein Teil der göttlichen Lichtkraft zu sein, etwas anderes gibt es nicht in diesem Universum. Wann immer du dich allzu sehr in deine irdischen Angelegenheiten verstrickt hast, lasse das goldene Vlies alles aus dir herausfiltern, was dich daran hindert, dich voller Energie und Licht und Liebe zu fühlen.

DIE LICHTSÄULE

Hier ist eine kraftvolle Technik, mit der du dich selbst, aber auch Räume, ganze Gebäude, sogar Städte oder die ganze Erde von stockenden Energien reinigen kannst.

Stelle dir eine Lichtsäule vor, die von der allerhöchsten Bewusstseinsebene bis hinab ins Herz der Erde reicht. Sie ist gleißend hell, weiß oder golden, sie vibriert vor Energie und wirkt dennoch sehr beruhigend, ähnlich wie das goldene Vlies.

Nun sage bitte laut: »Alles, was nicht Licht und Liebe ist oder nicht zu mir (zu diesem Raum, dieser Stadt, der Erde) gehört, bitte ich hiermit, ins Licht zu gehen. Ich bitte alle Engel, den Prozess zu unterstützen; geleitet alle Energien nach Hause, zurück zum Gottesbewusstsein, zurück zu Licht und Liebe.«

Wenn du ein bisschen deinen Wahrnehmungen vertraust, bemerkst du vielleicht dunklen Rauch, Schatten, oder du hast einfach das Gefühl, da gehen Energien und Wesen in die Lichtsäule.

Sieh, wie sie wie in einem Aufzug nach oben gleiten und immer lichter und heller werden. Sage ihnen, sie sollen bitte alles mit sich nehmen, was ihre Energie ist, auch aus deinem Körper. Wer weiß, vielleicht ist das gar nicht dein Kopfschmerz?

Alte Emotionen, Bruchstücke von Ideen und starren Vorstellungen, vielleicht sogar die eine oder andere »verlorene Seele« – sie alle gehen ins Licht, wenn du ihnen die Lichtsäule schickst.

Bleibe bei dem Bild, solange du das Gefühl hast, die Energie in dir oder im Raum ist noch nicht klar und lebendig. Wenn du magst, kannst du dir sogar den ganzen Planeten in einer Lichtsäule vorstellen, in der alles nach oben steigt, was wir als Menschheit nicht mehr leben wollen.

Überall, wo du stockende Energie spürst, kannst du von nun an die Lichtsäule einsetzen, damit alles, was nicht Liebe, Freude und lebendige Kraft ist, gehen kann.

Damit bist du nie wieder Opfer der Umstände. Du weißt nun, du kannst dafür sorgen, dass frische, lebendige Energie fließt, wo immer du bist!

DIE WASSERSÄULE

Du stehst aufrecht, die Füße sind entspannt (Zehen locker! Denke überhaupt tagsüber immer mal wieder an deine Zehen, ja?) und fest auf dem Boden.

Nun stelle dir vor, du stehst mitten in einer sprudelnden Quelle. Das Wasser ist erfüllt von Lebensenergie und Kraft, Reinheit und Klarheit. Es sprudelt um deine Füße und beginnt, durch sie in deinen Körper hineinzufließen. Das fühlt sich sehr reinigend und erfrischend an. Es steigt immer höher, klärt und belebt deinen Körper, deinen Geist und deine Seele, sodass du nun ganz und gar mit klarem, frischem, perlendem Wasser erfüllt bist, dich lebendig und heiter fühlst, befreit von aller Müdigkeit.

Es strömt wie eine Fontäne aus deinem Scheitelchakra (oben auf dem Kopf) heraus und fließt an dir hinunter zurück in die Erde. Du bist eingehüllt und erfüllt von Frische und Klarheit.

Ich habe diese Übung, die nur zwei Minuten dauert, übrigens einmal nachts um drei gemacht, als wir nach einer riesigen Geburtstagsparty bei meinen Eltern noch aufräumen wollten. Ich war tatsächlich völlig erfrischt. Probiere sie einfach einmal aus.

SELBSTBESTIMMUNG, HEILUNG UND SPIRITUELLE KRAFT

Damit meine ich nicht nur deine geistige Kraft, sondern auch die Kraft tief in deinem Bauch. Es gibt neben all den Schutzengeln und höher schwingenden Kräften auch innere Anteile, die auf Symbole reagieren, auf Gesten, auf Blicke, auf Bilder und auf die Natur. Diese Kraft ist in alten Teilen deines Gehirns angesiedelt, im sogenannten Stammhirn, und entzieht sich meist deinem bewussten Zugriff.

Wenn du nach und nach lernst, deinen Wahrnehmungen zu vertrauen, kommst du mehr und mehr in Kontakt mit deiner spirituellen Kraft. Sie kann sich sehr warm, persönlich und kraftvoll anfühlen (untere Chakren), sehr liebevoll und zärtlich (Herzzentrum) oder auch sehr klar und unpersönlich (obere Chakren), je nachdem, in welchem deiner Energiezentren du sie gerade wahrnimmst.

Manchmal kommt es uns allerdings schwierig vor, unseren Wahrnehmungen zu vertrauen, und wir befürchten, dass wir uns alles Mögliche nur einbilden. Wir sind so gründlich auf »Kontrolle« und »Wissenschaft« getrimmt, dass wir unseren eigenen Sinnen nicht mehr glauben. Das mitleidige Lächeln, das wir als Kinder erfahren haben, wenn wir über Engel, Hexen, Elfen oder Vorahnungen gesprochen haben – die Beschämung darüber steckt in uns allen. Und seien wir ehrlich, wie oft haben wir diesen Kelch bereits weitergegeben?

Es gibt eine Technik, die ich bei einer Selbsthilfegruppe für Suchtkranke gelernt habe: Wenn du etwas nicht kannst, dann tue so, als ob.

Das kam mir am Anfang sehr merkwürdig vor, aber es funktioniert. So werden ungeahnte Kräfte freigesetzt, und du umgehst deine eigenen Zweifel, wenn du einfach so tust, als könntest du deinen Wahrnehmungen vertrauen.

Probiere es aus: Tue so, als wäre das, was du spürst, wirklich so.

Was soll schon passieren?

Nun ja, natürlich eine Menge.

Wir haben Angst, unrealistisch zu sein oder in Welten zu entschweben, die es gar nicht gibt, und irgendwann mehr als unsanft auf dem Boden der Tatsachen zu landen.

Und kennen wir das nicht? Sind wir nicht so unsanft wie fast nur möglich in dieses irdische Leben gestolpert, als wir den Bauch unserer Mutter verließen? Sind wir wirklich bereit, uns wieder verletzlich zu machen, indem wir unseren Panzer aus Schmerzvermeidung und Abwehr verlassen und uns erneut unseren inneren Wahrnehmungen zuwenden?

Es erfordert Mut, sich auf das, was du spürst, einzulassen und zu riskieren, dass du dich irrst. Aber das ist es wert.

Sage Ja dazu, mehr brauchst du nicht zu tun.

Wenn du eine spirituelle Verbindung spüren willst und lernst, dich zu öffnen und dir zu vertrauen, dann wirst du bald eine spüren.

Mit einer Ausnahme: Wenn du auch nach längerer Übung wirklich nichts oder nur sehr wenig wahrnimmst, dann kann es sein, dass deine inneren Lichtbahnen verstopft sind, dass die Leitung, mit der du diese Energien wahrnehmen könntest, bereits belegt ist.

Irgendwann, je weiter du deinen spirituellen Weg gehst, wirst du dir deine Drogen anschauen müssen.

Sie sind es, die deine Lichtbahnen blockieren. Das ist nicht weiter schlimm, wenn du sie sowieso nicht bewusst brauchst, aber nun ist es vielleicht an der Zeit, mit ein paar Gewohnheiten aufzuhören.

Schaue dir ehrlich an (und schreibe auf!), durch was du deine Innenwelt verschmutzt, und lasse es, egal, was es ist.

Alkohol, Tabletten, an Automaten spielen, um die innere Leere nicht zu spüren, Sex mit den falschen Personen, um Liebe zu bekommen oder um sich überhaupt irgendwie am Leben zu fühlen, Beziehungen, die dir schaden oder aus denen du eine falsche, ungesunde Art von Energie ziehst.

Es gibt eine Menge Menschen, die sich von den Dramen oder dem Leiden anderer regelrecht »ernähren«. Kennst du das von dir auch? Stehst du auf Schreckensmeldungen, hörst du gern Klatsch? Spürst du dich selbst am meisten, wenn du für andere da bist? Fühlst du dich nur sicher, wenn du etwas für andere tun kannst? Weißt du nicht, was jemand mit dir anfangen soll, wenn du nicht für ihn da bist? Glaubst du, mit dir kann man nicht einfach nur Spaß haben?

Das ist Beziehungssucht, wir spüren uns nur über die Beziehung zu anderen, nicht über die Beziehung zu uns selbst. Nimm es wahr, und lerne, damit aufzuhören – es verhindert den Kontakt zu dir selbst, weil schon ein anderer in der Leitung hängt.

Wenn du das nicht allein kannst, ist es keine Schande: Wir sind fast alle nach irgendetwas süchtig geworden, weil wir uns so lange von unserer spirituellen Kraft getrennt fühlten. Wenn du dich nicht spürst, kommst du fast nicht umhin, dir Ersatz zu suchen.

Erlaube dir, Hilfe anzunehmen. Es gibt eine ganze Reihe sehr guter Selbsthilfegruppen für alle möglichen Arten von Suchtverhalten. Ja, es ist schwierig, das zuzugeben, aber was hast du denn für eine Wahl? (Selbsthilfegruppen zu allen möglichen Arten von Sucht findest du im Anhang.)

Wenn du lernen willst, deine innere Stimme zu hören, musst du auch bereit sein, zu hören, was sie sagt. Alles.

DIE SPUR DES UNANGENEHMEN GEFÜHLS RÜCKVERFOLGEN

Mache es dir bequem, schließe deine Augen. Bitte deinen Körper, dir zu zeigen, an welcher Stelle der Schock oder die Verletzung, die durch dein Gegenüber berührt wurde, gespeichert ist. Du fühlst das als Enge, als Schmerz, als Atemnot, als Verspannung. Atme bewusst an diese Stelle, erlaube dir, sie zu fühlen.

Und jetzt bitte deinen Körper, dir diesen Schmerz, die Verspannung, die Atemnot oder Übelkeit als Gefühl zu zeigen, dir also den körperlichen Zustand als emotionalen Ausdruck zugänglich zu machen. Nun fühlst du vielleicht etwas, Trauer, Schmerz, lasse es sein, wie es ist, gehe nicht darauf ein.

Fällt es dir leicht, Gefühle zu spüren, dann darfst du natürlich auch gleich nach der ausgelösten Emotion in dir forschen, ohne den Weg über den Körper. Manchmal fühlt man auch, dass man eben nichts fühlt, da fehlt ein Teil, da ist etwas erstarrt.

Bitte deinen Körper oder dein Gefühl, dir innere Bilder zu geben, dich dahin zu führen, wo dieses unangenehme Gefühl zum ersten Mal entstanden ist. Sei vollkommen offen.

Es kann sein, dass dir auf einmal eine Erinnerung in den Sinn kommt, lasse sie sein, wie sie ist. Glaube dir selbst. Egal, ob die Situation, an die du dich jetzt erinnerst, offensichtlich etwas mit der soeben im Außen erlebten zu tun hat oder nicht, nimm wahr, was du fühlst.

Ist es eine Spiegelung, das gleiche Gefühl, das du in der eben erlebten Begegnung hattest? Erkennst du es unabhängig von der äußeren Geschichte wieder? Nimm dich selbst in dieser gezeigten emotionalen Situation wahr, egal, wie alt du bist und wie du aussiehst, vertraue deinen inneren Bildern. Meistens zeigt uns das Unterbewusstsein sehr rasch, worum es geht.

Du siehst nun also dein jüngeres Ich, ein Kind, einen Jugendlichen, in dieser alten Situation, in der du die gleichen Gefühle hattest wie heute, wie in der Situation, die dich vorhin irritiert hat.

Stelle dir jetzt vor, dass du als der Erwachsene, der du jetzt bist, mit in diese Situation hineingehst und deinem Inneres Kind, also dir selbst, beistehst.

Tue, was du tun würdest, wenn ein Kind, das du sehr liebst, in dieser Situation wäre. Sage dem Kind: »Ich sehe dich, ich höre dich, und ich nehme dich wahr, ich bin jetzt für dich da.« Mache genau das für dein Inneres Kind, was du für deine Tochter oder deinen Sohn tun würdest. Liebst du kein Kind, so liebst du vielleicht ein Tier, du kennst das Gefühl von vollkommener, schützender Liebe. Diese bedingungslose, beschützende Liebe darfst du auch deinem Inneren Kind oder deinem jüngeren Ich geben. Hole das Innere Kind aus der Situation heraus, und halte es im Arm.

Sage denjenigen, die es verletzt oder im Stich gelassen haben, dass du das nie wieder erlauben wirst, und nimm es mit zu dir. Bist du in der Situation, an die du dich erinnerst, kein Kind, so tue dennoch genau das Gleiche für dich, hole dich heraus, rette dich selbst.

Nimm wahr, wie es sich anfühlt, jetzt einen Verbündeten zu haben, nämlich dich selbst. Du spürst vielleicht Entspannung, vielleicht aber wird dir jetzt erst recht bewusst, wie schwer die Lasten waren, die du trugst, weil dich keiner wahrnahm.

Während du dein Inneres Kind oder dein jüngeres Ich im Arm hältst, schaue bitte noch einmal auf die Situation von heute, die dieses unangenehme Gefühl auslöste. Hat sie sich verändert? Wie nimmst du die Situation jetzt wahr?

Es kann sehr gut sein, dass sie sich jetzt viel neutraler anfühlt und du erkennst, dass du überreagiert hast. Möglicherweise aber bemerkst du auch die Absicht des anderen, dich zu verletzen oder zu beschämen. Dann wird es Zeit, diese Beziehung auf den Prüfstand zu stellen. Du bist erwachsen, du brauchst keine Beziehungen mehr aufrechtzuerhalten, in denen du verletzt, ausgenutzt oder beschämt wirst. Prüfe also deine Beziehungen, aber bitte erst, nachdem du deinen eigenen Trigger gelöscht hast, wie du es soeben getan hast. Enge Beziehungen berühren viele Trigger, es kann also gut sein, dass du diese innere Reise öfter anwenden darfst, sie ist als Werkzeug gedacht, nicht als einmalig anzuwendendes Allheilmittel.

Komme jetzt bitte zurück in den Raum, in dem du dich befindest.

DEINE GEFÜHLE WAHRNEHMEN LERNEN

Du bist vielleicht schon ein bisschen geübt im Umgang mit Entspannungsmethoden, dann wähle eine, die dir gefällt. Wenn nicht, dann lege oder setze dich bequem hin, stelle dir ein farbiges Licht vor (egal, welche Farbe, sei sicher, es kommt dir genau die in den Sinn, die dich jetzt am besten entspannt, es gibt kein »richtig« oder »falsch«), und atme mit jedem Einatmen das Licht ein. Mit jedem Ausatmen lässt du los, was dich jetzt im Moment nicht unterstützt: Anspannung, Aufregung – was auch immer. Mache bitte keinen Leistungstrip daraus, du brauchst nicht besonders tief entspannt zu sein. Alles, was sich auch nur ein bisschen ruhiger und friedlicher anfühlt als dein normaler Zustand, genügt.

Nun wird es ein wenig ungewohnt, aber du kannst das. Erlaube deinem Geist, deiner Vorstellungskraft oder deiner Intuition, dir ein inneres Bild zu zeigen, das deinen Gefühlskörper darstellt.

Zur Erinnerung: Im Gegensatz zum mentalen Körper, mit dem du Energie als Gedanken wahrnimmst, ist dein Gefühlskörper das feinstoffliche Energiesystem, mit dem du Energie als Gefühl wahrnimmst. Es sind bestimmte Schichten in deiner Aura, deinem feinstofflichen Energiefeld, das zum Beispiel durch eine bestimmte Art von Fotografie sichtbar gemacht werden kann.

Du brauchst für diese Übung nichts darüber zu wissen, bitte nur darum, ein Bild deines Gefühlskörpers zu bekommen, deinem Vorstellungsvermögen wird schon etwas einfallen. Du hast weise, tiefe Anteile in dir, die all das längst wissen; lasse diese den Job übernehmen.

Nun siehst du vielleicht einen Schneemann, eine zersprungene Fensterscheibe oder nur Dunkelheit, vielleicht einen zugefrorenen Fluss oder eine dicke Betondecke, vielleicht auch eine fast durchsichtige Elfe, ein kleines Kind, eine weit geöffnete Blume, oder du nimmst etwas ganz anderes wahr. Lasse dich einfach nach innen fallen und führen. Auch hier ist es wichtig, dass du es dir einfach und leicht machst. Alles, was dir einfällt, ist gut genug. Du brauchst keine klaren Bilder, auch eine vage Vorstellung ist besser als alles, was du bisher wahrgenommen hast, nicht?

Sieh dir das innere Bild genau an, spüre es, so gut es sich spüren lässt, und nimm auch deine Reaktion darauf wahr. Wirst du traurig, weil die Betondecke so dick ist? Wirst du ärgerlich, weil du nichts spürst? Bekommst du Angst, weil sich alles dunkel anfühlt? Nimm es wahr, es gibt nichts zu ändern, nimm es nur wahr. Das ist alles. Nimm es nur wahr, und atme. Das ist vielleicht das erste Mal, dass du bewusst nach innen schaust, du brauchst nichts weiter zu tun, als einen Blick zu wagen und deine Reaktion darauf wahrzunehmen.

Es mag sehr ungewohnt für dich sein, nichts zu tun, sondern nur zu schauen, aber für heute ist das genug. Erinnere dich, du möchtest lernen, dich selbst besser zu spüren, nicht, dich besser zu kontrollieren.

Und dann, wenn du genug geschaut hast, rufe deinen Schutzengel (es können natürlich auch mehrere sein) zu dir, und bitte ihn oder sie, wenn es mehrere sind, dich zurück zu mehr Lebendigkeit zu führen. Du brauchst nicht zu wissen, wie das geschieht, bitte einfach darum, und nimm wahr, was passiert. Vielleicht wird es heller, oder die Eisdecke bekommt einen Sprung, vielleicht geschieht gar nichts. Auch »nichts« ist etwas, was zählt. Es geht um deine Aufmerksamkeit, nicht um großartige Gefühle und Empfindungen.

Genau diese Idee, alles wissen und kontrollieren zu müssen, hindert dich am Fühlen.

Aber das Verstehen kommt hinterher, nach dem Zulassen.

Und fertig. Öffne die Augen, und genieße deinen Tag.

SCHREIBEN

Wenn du deinen Gefühlen dauerhaft auf die Spur kommen willst, gibt es eine wunderbare Technik: das Schreiben.

Im Buch »Der Weg des Künstlers« von Julia Cameron (das ich noch oft erwähnen werde, weil ich es einfach unglaublich gut finde) wird empfohlen, jeden Morgen »Morgenseiten« zu schreiben. Das sind drei Seiten, auf denen du einfach vor dich hinschreibst, was dir so einfällt, auch wenn es nur Gejammer oder Kauderwelsch ist. Allerdings sind drei Seiten schon eine Herausforderung, die vielleicht wie eine Hürde wirken kann.

Aber warum kaufst du dir nicht ein hübsches Buch und schreibst jeden Tag einen Satz? Nur einen Satz, vielleicht kommst du dadurch auf dem Papier sogar ins Plaudern, vielleicht auch nicht. Du tust damit etwas sehr Liebevolles für dich: Du beschäftigst dich für diesen Satz mit dir selbst, und das ist vielleicht mehr Zeit, die du aufmerksam mit dir verbringst, als du bislang je für dich erübrigt hast.

Du beginnst, deinen inneren Zustand und deine Gedanken wahrzunehmen, wenn du schreibst. Du beginnst, zu erkennen, wie du die Welt siehst, auch wenn es pro Tag nur ein einziger Satz ist.

Es gibt diesen bekannten Spruch: »Auch der längste Weg beginnt mit dem ersten Schritt.« Und um mehr brauchst du dich heute nicht zu kümmern. Mache einfach nur diesen kleinen Schritt.

Vielleicht bist du es gewöhnt, dich selbst lahmzulegen, indem du dir den ganzen Berg anschaust und dir sagst, das schaffst du nie. Nein, heute nicht, das stimmt. Aber den ersten Schritt, den kannst du heute machen.

Danach kannst du dich wieder so lange um deine Wäsche oder deine Arbeit oder deine Kinder kümmern, wie du willst. Weißt du, wenn du ihn heute nicht gehst, gehst du ihn womöglich nie, denn vor dieser ersten Hürde des Beginnens wirst du immer stehen. Es wird morgen nicht leichter, besser als jetzt wird es nicht. Aber wenn du erst einmal losgegangen bist, dann kommt nach und nach die Kraft für jeden weiteren Schritt.

Stelle dir vor, Reinhold Messner hätte beim ersten Berg, den er je erklommen hat, gesagt: »Also, wenn ich bis zum Abendessen nicht wieder unten bin, fange ich erst gar nicht an.«

Das heißt einfach nur, du traust dir nicht zu, dich für einen Weg, auch wenn er dir wichtig erscheint, länger als für einen Tag zu interessieren.

Wir unterschätzen unsere Ausdauer völlig, weil wir uns bereits so oft »im Regen stehen ließen«. Der Trick ist, um Kraft zu beten, nur für heute, und darum, die Kraft zu finden, den heutigen kleinen Schritt in die richtige Richtung zu gehen. Wir kümmern uns zu sehr um die Schritte, die in Zukunft anstehen, oder um die, die in der Vergangenheit angestanden haben oder hätten. Dabei gibt es nur das Heute, das Jetzt. Wenn du das weißt, dann hast du immer die Kraft.

DEIN KOSMISCHER WEGWEISER

Diese Übung kann den ganzen Abend dauern. Du brauchst also ein bisschen Zeit, außerdem Platz, ein paar Zeitschriften, Papier, eine Schere, Kleber und ein Bild von dir.

Schließe die Augen.

Was willst du, was soll sich in deinem Leben ändern? Vielleicht die Art, wie du dich selbst erlebst? Vielleicht willst du entspannter und zufriedener sein, vielleicht aber auch mehr Geld haben, oder du willst an einem anderen Ort, in einem größeren Haus leben? Willst du gesünder essen, eine Beziehung führen, einfach glücklicher sein? Oder weißt du es gar nicht?

Macht nichts, dann lasse dich inspirieren.

Blättere die Zeitschriften durch, und reiße alles raus, was dir ein gutes Gefühl gibt, ein Lächeln auf dein Gesicht zaubert. Das kann ein Satz in einer ansonsten uninteressanten Werbung sein, ein Bild, jemand in einer bestimmten Situation, ein Haus, eine Gegend. Achte aber vor allem auf Menschen in besonders entspannten und glücklichen Situationen. Sammle alles, was dich im Hinblick auf dein Ziel unterstützt.

Ich habe in einer Waschmaschinenwerbung einmal den Satz gefunden: »Manche Revolutionen sind ganz sanft.« Was für ein genialer Satz, dachte ich, das trifft es genau: Ich brauche kein Drama zu machen und der Welt zu verkünden, was ich spüre, ich darf das sanft und leise tun. Danke an den Werbetexter!

Nun ordne deine gesammelten Werke, und schneide sie aus. Nimm das Bild von dir, klebe es mitten auf ein Blatt Papier, und beginne, mit all den ausgeschnittenen Bildern eine Collage zu gestalten.

Ordne sie ganz spontan an. Es ist egal, ob es gut aussieht, folge einfach deinem Gefühl. Vielleicht entdeckst du ganz neue Verbindungen zwischen den einzelnen Bildern, vielleicht passt ein Satz noch besser, wenn du ein Wort wegschneidest oder hinzufügst? Du darfst deiner Fantasie freien Lauf lassen! Habe Spaß, und klebe alles zusammen, was du in deinem Leben haben willst. Mehr Geld? Umgib dich auf deiner Collage mit allem, was du mit diesem Geld verwirklichen willst.

Wir wollen ja meistens nicht wirklich mehr Geld, sondern eben dieses besondere Auto, ein größeres Gefühl von Freiheit, Anerkennung, ein Haus, eine Reise. Zeige auf deiner Collage den inneren Zustand, den du erreichen willst, suche einen passenden Satz, und wenn du keinen findest, dann bastle dir einen zusammen.

Du willst Freiheit und Lebensfreude verwirklichen? Nimm die lustigsten und schönsten Bilder, traue dich, du darfst mindestens so glücklich sein wie die Frau oder der Mann auf diesem Bild. Wir machen uns meistens viel zu klein, trauen uns zu wenig zu, glauben, für uns sei nicht genug da, bevor wir nicht schlanker, reicher, ordentlicher, schlicht besser geworden sind. Das ist Unsinn, wirklich, vergiss es einfach, egal, wer es dir erzählt hat.

Klebe dir dein eigenes Königreich, deine Traumreise, den perfekten Job, den idealen Zustand, so lange, bis du deine Collage anschaust und lächelst.

Und dann hänge sie auf, so, dass du sie täglich sehen kannst. Und wann immer du traurig oder mutlos bist, schaue dir an, wie du umringt bist von allem, was du in deinem Leben haben willst.

Das ist eine kraftvolle Technik, um deine Energie zu verändern. Wir reagieren auf das, was wir sehen oder uns vorstellen können. Wenn du dich täglich glücklich und entspannt siehst, wirst du bald gar nicht mehr anders können, als es auch zu sein.

Noch dazu ist das auch eine wirksame »Bewusstseins-Altersvorsorge«. Wir sind so verschreckt und eingeschüchtert, wenn es um das Altwerden geht, hören nur von Rentenloch, Pflegeversicherung und Krankheit, als wären wir irgendwann nicht mehr getragen von der großen Kraft, die auch jetzt für uns sorgt, ob wir es bemerken oder nicht. Vielleicht wird es Zeit, diese Führung zuzulassen und sich ein bisschen zu entspannen?

Wenn wir uns heute nicht von ihr führen lassen, werden wir auch später nicht darauf vertrauen können.

Wir haben solche Angst, krank zu werden und die Kontrolle über unser Leben zu verlieren, dass viele von uns fast verrückt werden beim Gedanken daran. Ist es nicht ziemlich sinnvoll, diese inneren Bilder loszulassen und sie gegen gesündere auszutauschen?

Klebe doch eine Situation in die Collage, die du dir für dein Alter wünschst.

DEIN KRAFTTIER

Mache es dir bequem, lege dir eine schöne Musik oder eine Trommelreise auf, und schließe deine Augen, nachdem du den Text gelesen hast. Erlaube deiner inneren Kontrolle, einen Schritt zur Seite zu gehen, damit diese besonderen Energien wirken können.

Begib dich nun auf eine Reise:

Stelle dir bitte ein Tor vor, zum Beispiel einen Eingang zu einer Höhle, ein von Menschen angefertigtes Tor, ein natürlich gewachsener Durchgang … lasse dir Zeit damit, aber entscheide dich für ein inneres Bild, es spielt gar keine Rolle, wie dieses Tor nun genau aussieht.

Du gehst durch dieses Tor hindurch und rufst dein Krafttier, indem du es bittest, sich dir zu zeigen.

Lasse bitte all deine Ideen darüber los, wen oder was du gerne als Krafttier hättest, und öffne dich für das, was nun kommt, es kann sein, dass es dir gar nicht gefällt. Wenn du vor deinem inneren Auge ein Tier siehst, dann frage es bitte, ob es dein Krafttier ist, und sieh, ob es antwortet. Sagt es Ja, ist alles gut, sagt es Nein, dann frage es, ob es dich zu deinem Krafttier bringen kann.

Es bringt dich nun zu deinem Krafttier, und irgendwann erkennst du es. Wieder ist es nicht wichtig, ob es dir gefällt oder nicht, vertraue bitte deinen inneren Bildern, und lasse sie sein, wie sie sind.

Frage es wieder: »Bist du mein Krafttier?«, und sieh, was geschieht.

Frage es nun bitte, welche besondere Kraft es dir bringt und was es von dir braucht. Versprich ihm, das zu tun, was es dir aufträgt. Vielleicht kannst du das auch jetzt, während du es triffst, tun. Vielleicht ist es verletzt und braucht deine Hilfe. Vielleicht braucht es etwas zu trinken oder zu fressen. Vielleicht ist es gar in einer Falle gefangen und will befreit werden. Sorge dafür, dass es dem Krafttier gut geht, und fühle seine Kraft und die Freude, ihm endlich zu begegnen!

Lasse dir Kraft geben, lasse dich fühlen, welche besondere Energie es dir zur Verfügung stellt, und frage es, ob es dir dabei helfen kann, Nein zu sagen und dich abzugrenzen.

Lasse dir zeigen, auf welche Weise es dir dabei hilft. Vielleicht gibt es dir einfach Kraft, vielleicht aber spürst du Druck oder sogar Schmerz. Dann will dich dein Krafttier durch diesen Schmerz daran erinnern, dass du nicht deiner Energie folgst. Lasse alles sein, wie es ist, diese Dinge geschehen auf ganz besonderen Ebenen, die sich deiner bewussten Kontrolle entziehen.

Bedanke dich bei deinem Krafttier, und entscheide, seine Kraft von nun an zu nutzen, immer dann, wenn du spürst, du brauchst sie. Dein Krafttier wird dich daran erinnern, wenn du es erlaubst und ein wenig achtsam bist.

Du hast nun einen guten Begleiter und einen treuen Freund an deiner Seite, und immer, wenn du Rat brauchst, kannst du dich an dein Krafttier wenden.

Verabschiede dich nun von ihm, oder nimm es einfach mit, tritt wieder durch das Tor, und komme zurück in den Raum, in dem du dich befindest.

DEINE INNERE KAPELLE

Lies zunächst den Text, dann schließe die Augen, und atme ein paarmal tief ein und aus. Du bist nun schon darin geübt, dich zu entspannen, also wähle die Art, mit der du am besten klarkommst. Vielleicht das Farbatmen, vielleicht willst du nur deinem Atem folgen, wie er in deinen Körper herein- und wieder hinausströmt. Wenn es noch Anspannung in dir gibt, schüttle dich ein wenig, seufze deine Anspannung hinaus – tue, wonach dir gerade ist.

Nun bitte deinen Schutzengel, dich zu begleiten, außerdem all deine inneren Lehrer und Führer, alle geistigen Kräfte, die der Liebe und dem Licht dienen.

Vor deinem inneren Auge entsteht eine wunderbare Landschaft. Sie ist lebendiger und gesünder als alles, was du bisher gesehen hast, und du fühlst dich wohl, geborgen und voller Energie. Schaue dich um, fühle, genieße die Schönheit und Ruhe der Natur.

In einiger Entfernung steht eine Kapelle, vielleicht eine alte, verfallene, vielleicht eine prächtige Marienkapelle, oder es ist ein uralter Steinkreis – ein Ort, der für dich spirituelle Kraft ausstrahlt. Du brauchst ihn dir nicht auszudenken, schaue einfach, was dir begegnet, es ist genau das Richtige für heute.

Tritt ein, spüre die besondere Energie dieses Ortes, und öffne dich ihr. Da steht ein Altar, leise und ehrfürchtig kniest du dich davor.

Über dem Altar hängt ein großes Bild – es zeigt den Engel oder die Gottheit, die dich jetzt am meisten unterstützt, die jetzt bei dir ist.

Spüre, was du fühlst: Kommt sie dir vertraut vor, oder machst du hier eine ganz neue Erfahrung? Nimm es, wie es ist, beides ist richtig und gut.

Nun darfst du um etwas bitten, vielleicht für dich selbst, vielleicht für ein anderes Wesen.

Wenn du für ein anderes Wesen betest, dann achte darauf, dass du ihm seinen freien Willen lässt. Bitte darum, dass sich alles in Liebe zum Guten wendet, was immer das bedeutet – nicht darum, wie du es haben willst. Das ist sehr wichtig, denn wenn du aus eigennützigen Gründen für einen anderen bittest (weil du zum Beispiel sein Leid nicht erträgst, weil du nicht willst, dass er geht, dich verlässt oder stirbt), bindest du dich an sein Schicksal und hältst ihn fest. Das ist keine Liebe, sondern Angst, nicht mit der Entscheidung, die die Seele des Wesens getroffen hat, leben zu können.

Dann bitte lieber um die Kraft, die Entscheidung des anderen in Liebe zu respektieren und auszuhalten. Letztlich müssen wir das sowieso tun.

Wenn du deine Bitte vorgetragen hast, frage den Engel oder die Gottheit, welches Opfer sie von dir verlangt. Ein Opfer zu bringen bedeutet, energetisch Raum zu schaffen für die neue Kraft, die du in dein Leben bittest.

Höre genau zu, und gib die Vorstellung auf, es müsste etwas Dramatisches sein, das dich dein Herzblut kostet.

Es kostet dich etwas – aber das brauchst du sowieso nicht mehr.

Die göttliche Kraft wird immer das Aufgeben jener Angewohnheiten von dir fordern, die deiner Lebendigkeit im Weg stehen, auch wenn sie dir Sicherheit, Geborgenheit oder Schutz zu garantieren scheinen.

Lasse dir ein Symbol zeigen. Meistens sind die Symbole sehr einfach und deutlich, wenn nicht, dann vertraue deinem Gefühl – tief in dir weißt du genau, was es bedeutet. Lege das Symbol auf den Altar, und spüre, was in dir geschieht. Fühlt es sich entlastend an, beängstigend, befreiend?

Alles ist in Ordnung, es darf sich anfühlen, wie es will. Das ist der Raum, den du schaffst, wenn du diese Art von Verhalten oder Vorstellung aufgibst: Raum für das, was nun neu in dein Leben kommen will.

Wie reagiert der Engel oder die Gottheit auf dein Opfer? Nimmt sie es an? (Du wirst es spüren, sei offen für das, was du weißt.)

Bleibe noch ein wenig in diesem Zustand, und fühle, was du fühlst. Vertraue dir, und halte die Verbindung mit dieser spirituellen Kraft.

Wenn du soweit bist, dann bitte vielleicht noch um Kraft, die Veränderung in Frieden abzuwarten und dich wirklich darauf einzulassen.

Bedanke dich dann bei dem Engel oder der Gottheit, verneige dich, wenn du willst, und verlasse die Kapelle oder den Steinkreis.

Atme ein paarmal tief durch, und komme zurück in deinen Körper, in diesen Raum. Bleibe dabei verbunden mit dem, was du gespürt hast, und wenn du magst, schreibe es auf. In ein paar Tagen wirst du bemerken, dass du dich tatsächlich anders fühlst und dass sich das, um was du gebeten hast, bereits zu verwirklichen beginnt!

SCHUTZENGEL

Ob du an Engel glaubst oder nicht, spielt bei dieser Übung überhaupt keine Rolle. Es ist tröstlich, sich vorzustellen, dass es welche gibt. Dann ist es sicher sinnvoll, sie in dein Leben zu bitten. Wenn es keine gibt, nun, dann hast du dir eben etwas vorgestellt, na und?

Warum schließt du nicht einfach deine Augen und bittest deinen Schutzengel, dir auf eine Art zu erscheinen, die du verstehst? Du darfst sogar darauf bestehen, dass du ihn wahrnimmst. Du kannst auch darum bitten, die Fähigkeit und Bereitschaft zu erhalten, ihn zu bemerken, verstehst du, du brauchst nichts zu tun, als zu entscheiden, dass du jetzt mit ihm in Kontakt treten willst. Der Kontakt kommt, selbst wenn du völlig »zu« bist. Dann bittest du eben um Offenheit.

Nun vertraue dem, was du spürst. Dein Schutzengel kann Samba vor dir tanzen: Wenn du deinen Wahrnehmungen nicht vertraust, dann wirst du es zwar sehen, spüren oder hören, aber du wirst es nicht annehmen.

Das warme, gehaltene, geborgene Gefühl, das kommt, wenn er bei dir ist, gibt dir jede Menge Kraft und Zuversicht.

DEIN ALTAR

Vielleicht ist es an der Zeit, dir einen Ort herzurichten, der dich mit spiritueller Energie versorgt. Gerade wenn wir im Alltag den Kontakt zu uns verlieren, ist es wichtig, einen Ort zu haben, der unser Bewusstsein spirituell verankert.

Suche dir einen Platz in deiner Wohnung, der ein bisschen ruhig, aber nicht zu abgeschieden ist, sodass du dich gern dahin zurückziehen wirst. Vielleicht schaffst du dir auch diesen Ort, fange ruhig klein an. Eine kleine Schale auf einem Beistelltisch genügt fürs Erste.

Nun lege ein schönes Tuch auf den Tisch oder an den Platz, das für dich genau das verkörpert, was du brauchst. Vielleicht ein rotes Tuch für mehr Energie, ein goldenes für mehr Glanz oder Heilung in deinem Leben, ein blaues oder türkisfarbenes für mehr Wasserenergie, für mehr Gefühle und innere Ruhe. Ich habe auf einem Altar ein Hasenfell liegen, das bedeutet für mich Erdung und kriegerische Kraft, auch die brauche ich manchmal.

Bitte gehe nach deinem Geschmack; es nutzt dir nichts, wenn du lernst, Gelb steht für Lebensfreude, aber du magst es nicht. Nimm genau die Farben und Materialien, die du liebst, egal, was sie bedeuten, sonst bist du wieder in der Kontrolle und nicht im Fluss. Mache es nicht »richtig«, sondern so, wie du es gern haben willst.

Nun lege einige Gegenstände darauf, die für dich Frieden, Ruhe, deine Verbindung mit Gott oder deine Verbindung mit dir selbst symbolisieren: vielleicht Steine, die Statue einer Göttin oder eines Gottes, ein Bild, eine Tarotkarte oder eine Feder, die du gefunden hast, als du um mehr

Leichtigkeit gebeten hast. Was auch immer dich mit Kraft verbindet, gib ihm einen Platz auf deinem Altar.

Räucherstäbchen, ein bisschen Sand oder Erde von einem geliebten Kraftort, alles, was dich mit einem guten Gefühl verbindet, ist bereits der Beginn eines Altars.

Schaue dich doch bitte einmal in deiner Wohnung um. Hast du nicht schon Plätze, an denen geliebte Gegenstände liegen? Bei einem Altar geht es nur darum, das ein bisschen bewusster zu gestalten, ein bisschen mehr deinen Gefühlen zu folgen und ein bisschen achtsamer auszuwählen, was du darauf haben willst und was nicht.

Ein Altar sorgt für sich selbst. Wenn du im Eingangsbereich eine Schale mit Wasser und Blüten stehen hast, die für dich einen Altar bildet, wirst du deine Schlüssel irgendwann nicht mehr achtlos daneben werfen.

Suche dir Symbole. Es gibt so viele schöne Kartensets oder auch Poster. Alles, was dich mit Kraft in Verbindung bringt, gehört in deine nähere Umgebung.

Übrigens: Es ist nur logisch, dass alles, was dich nicht mit Kraft versorgt, nach und nach deine Wohnung verlässt, darin sind wir uns unterdessen doch einig?

DEIN ERDTOPF (ERDRITUAL)

Erde gibt unserem Leben Form, Stabilität und Ausdruck. Hast du zu viel davon, fühlst du dich erstarrt und unflexibel, strengst du dich zu sehr an? Fehlt dir Erde, bringst du nichts auf den Boden, hast das Gefühl, deine Energie verpufft im leeren Raum und deine Kreativität trägt keine Früchte?

Der Erdtopf ist ein Altar, der sich ausdrücklich an die Kräfte der Erde wendet. Für unseren inneren Urmann bzw. unsere Urfrau ist dieser Teil der spirituellen Kraft ganz besonders wichtig, denn diese Sprache verstehen sie. Versetze dich in die Steinzeit zurück – wie könnten Rituale damals ausgesehen haben?

Schließe deine Augen, und verbinde dich mit dem Urmenschen in dir, der um die Kräfte der Natur weiß und instinktiv mit ihnen umgehen kann. (Wir wollen nicht die Steinzeit romantisieren, aber es ist ein guter Weg, mit den natürlichen magischen Instinkten in Kontakt zu kommen.)

Spürst du die Wildheit und die ungezügelte Kraft?

Diesem Teil wollen wir nun einen Altar schenken. Nimm eine große Schale, vielleicht aus Holz oder Ton, also eine Schale, die dich mit der Erdenergie verbindet. Eine Schale, die du von einer Ahnin geerbt hast, kann sehr kraftvoll sein. Du wirst das Richtige schon finden, folge – wie immer! – deinem Gefühl.

Sei so aufmerksam und konzentriert wie heute nur möglich, aber strenge dich nicht an. Du kannst es nur richtig machen, es gibt kein »falsch«, und selbst wenn du nur ganz wenig spürst, reicht das für heute. Wenn du allerdings sehr müde oder ausgebrannt bist, verschiebe es vielleicht auf morgen, und gehe lieber schlafen.

Nun fülle alles in die Schale, was dir das Gefühl vermittelt, fest in der Erde verwurzelt zu sein: Erde aus deinem Garten oder Sand von einem besonderen Ort, Federn, Steine,

Salz, ein Stück Brot, Geldstücke, getrocknete oder frische Blüten, kleine Bilder von Erdgeistern, eine Wurzel, eine Tonfigur, eine Haarsträhne, ein Stück Holz – alles, was dir ein ursprüngliches, stabiles Gefühl vermittelt.

Du kannst ein paar Tropfen Aura-Soma-Öl darüber träufeln, vielleicht ein Aromaöl oder Bachblüten. Frage diesen Altar, was er haben möchte, und gib es ihm. Vielleicht sagt er: »Stich dir in den Finger, und tropfe ein bisschen Blut in den Topf«, dann mache das. Wenn du im Moment in Trauer bist, will er vielleicht ein Taschentuch mit deinen Tränen. (Wenn du diese Kraft erst einmal zulässt, wunderst du dich manchmal über gar nichts mehr.)

Die Kraft des Erdtopfes ist nicht zimperlich, sie ist genau das Gegenteil des kontrollierten, angepassten, funktionierenden Konstruktes, das viele von uns morgens ins Büro tragen. Wenn du diese Energien nicht haben willst, dann ist es, als schnittest du deine Wurzeln ab.

Der Erdtopf ist das Zaubermittel, das Tor, das dich zurückführt zu deinem körperlichen Ausdruck, zu Sinnlichkeit, Freiheit, Wildheit. Hier ist die Kraft, mit der du deine Wohnung gestaltest, deinem Beruf nachgehst und gesund bleibst! Hier ist außerdem die Kraft, mit der du deine Luftschlösser und Ideen auf die Erde holst, um sie zu leben.

Wenn dein Erdtopf für heute fertig ist (wahrscheinlich wird er sich immer wieder verändern, wenn du mit ihm in Kontakt bleibst), dann gib ihm einen angemessenen Platz. Frage ihn einfach, wo er stehen will. Vielleicht musst du den Raum erst schaffen, dann tue das.

Was immer du nun verwirklichen, also auf die Erde holen willst, schreibe es auf einen Zettel, und lege ihn in den Topf.

Bitte die Kraft der Erde, deinen Vorstellungen oder Wünschen Gestalt zu verleihen, einen irdischen Ausdruck zu verschaffen.

Wenn du das Gefühl hast, der Erde nun deinerseits Energie senden zu wollen, vielleicht, um sie zu heilen, zu reinigen oder was auch immer du für einen Impuls hast, dann lege deine Hände um den Erdtopf, und schicke ihr Energie. Gib die Heilmittel hinein, die du kennst. Lege vielleicht einen Rosenquarz dazu, um ihr Liebe zu schicken, oder wende sonst eine Heilmethode an, die du magst und die dir geläufig ist. Energie zu senden funktioniert immer in beide Richtungen.

Wenn du magst, kannst du für jedes Element einen Altar schaffen. Wie sieht dein Wasseraltar aus, der für Feuer, Erde, der für Luft? Spürst du den Unterschied, nimmst du die verschiedenen Energien wahr?

DIE KRAFT DES FEUERS (FEUERRITUAL)

Das kraftvollste Mittel, alte Verhaltensweisen oder Energien loszulassen (und damit Raum für neue Kraft zu schaffen), ist Feuer.

Alles, was du loslassen willst, kannst du symbolisch verbrennen. Wenn du die göttliche Kraft bitten willst, etwas von dir zu nehmen, das du allein nicht loslassen kannst, verbrenne etwas, was mit diesem Gefühl zu tun hat.

Früher nannte man das opfern.

Folgendes ist wichtig, wenn du ein Ritual machst: Es muss so deutlich sein, dass du das, was du loslassen willst, auch wirklich spürst. Wenn du die Angst oder den Schmerz zulässt, wird er von dir genommen, weil du dir erlaubst, ihn zu spüren: Die gebundene emotionale Energie wird dadurch frei und kann gehen. Das hat etwas mit den Triggern im Schmerzzentrum des Gehirnes zu tun, der sogenannten Amygdala.

Ein Opfer muss dich berühren, dich in Kontakt bringen mit dem, was du loslassen willst, sonst ist es keines – verstehst du, was ich meine? Ein Ritual wirkt nicht, wenn du das, was du verbrennst, sowieso nicht mehr brauchst. Dann ist es eher Müllverbrennung.

Du brauchst ein Symbol, das dich emotional mit dem in Kontakt bringt, was du loslassen willst, obwohl du vielleicht sehr daran hängst. Denn die Amygdala reagiert nur auf Gefühle.

Als ich meine Art, mich mit Krümeln von Liebe zufriedenzugeben, loslassen wollte, habe ich den einzigen Zettel verbrannt, den mir mein erster Freund je geschrieben hat. Es stand nur »Ich hab dich lieb« darauf.

Es war keine liebevolle Erinnerung, sondern der Zettel barg die Energie »Das ist alles, was du je von mir bekommen wirst, ich werde es dir nie sagen, und ich werde mich auch nicht so verhalten«.

Ich hatte ihn sogar schon einmal zerrissen und wieder zusammengeklebt, also wusste ich bereits vor zwanzig Jahren, dass er nicht »echt« ist. Ich habe mich an diesen quadratischen kleinen Zettel geklammert, weil er das Einzige war, das in dieser Beziehung irgendwie Liebe ausdrückte.

Ihn zu verbrennen war wirklich schwer, aber ich habe es mit den Worten »Ich bin nicht mehr bereit, mich mit kleinen Zetteln zufriedenzugeben, ich verzichte künftig auf Krümel« getan, und das war unglaublich gut.

Nach der Angst kommt sehr viel Kraft, wenn du dir erlaubst, loszulassen, was dich kleinhält.

Wenn du eine bestimmte Energie nicht mehr leben willst, kannst du das Wort, das diesen Zustand beschreibt, in eine Kerze (Farbe nach Gefühl) ritzen und sie über Nacht (geschützt) abbrennen lassen. Natürlich nur an einem Platz, an dem nichts Feuer fangen kann.

Wenn du etwas in deinem Leben verwirklichen willst (Fülle, Liebe, Freude, Kraft, Erfüllung), ritze das Wort in eine weiße oder bunte Kerze, zünde sie an, lege eine Blume dazu, verbrenne etwas Weihrauch, und opfere die Kerze der Göttin, dem Mond oder der Energie, die gerade da ist, um die Kraft in dein Leben zu bitten.

Verstehst du, es gibt kein »richtig« oder »falsch«. Traue dich, das zu tun, was nach deinem Gefühl das bewirkt, was du bewirken willst. Du hast eine magische innere Kraft, die genau weiß, wie sie sich ausdrücken will. Rufe sie in dein Leben, schaffe dir ein Symbol dafür.

Und dann lasse sie los, lasse sie wirken, folge ihren Anweisungen, egal, wie absurd oder sogar peinlich sie dir vorkommen. Diese magische Kraft fragt nicht nach Konventionen oder Erziehung, sie fragt nur nach dem Fluss der Energie.

Einmal habe ich jemanden mit ausdrücklicher Erlaubnis meiner höheren Macht verflucht, das war die damals einzige Art, mich von ihm zu befreien. Ich habe den Namen in eine schwarze Kerze geritzt, sie angezündet und ihr alles gesagt, was es zu sagen gab, all meine Wut und Verletzung ausgedrückt. Vorher hatte ich bereits jede Menge Segnungs- und Vergebungsrituale gemacht, die alle nichts genutzt haben – der Giftstachel saß zu tief.

Ich habe stellvertretend die Kerze verflucht, habe ihr gewünscht, zu spüren, was ich spüre, dann habe ich sie gelöscht und symbolisch »auf Eis gelegt«, nämlich in mein Tiefkühlfach. Es war, als hätten meine Gefühle nun Zeit, zur Ruhe zu kommen. Aber es war mir auch klar, dass ich den Fluch irgendwann wieder lösen musste.

Wenn du so etwas tust, dann sei dir bitte absolut im Klaren darüber, dass du dich damit energetisch fest an denjenigen bindest, den du verfluchst, und dass du das irgendwann wieder lösen musst.

Ich habe dann irgendwann während meiner Geburtstagsparty die schwarze, tiefgefrorene Kerze mit dem Namen aus dem Tiefkühlfach geholt und sie zusammen mit vielen bunten Kerzen auf einen prachtvollen Kerzenleuchter gesteckt. Es war plötzlich okay. Auch das gehörte zu meinem Leben, sogar diese dunkle, verletzte Energie, die diese Kerze verkörperte. Sie konnte in Ruhe mit all den anderen Kerzen abbrennen, während meine Gäste da waren und sich am Licht der Kerzen – aller Kerzen – erfreuten.

Kein Drama, kein Vollmond, nichts war nötig. Manche Rituale sind unscheinbar, aber nicht minder wirksam.

RÄUCHERN (LUFTRITUAL)

Räuchern war schon immer ein Mittel, Geister zu besänftigen. Die Menschen glaubten, der aufsteigende Rauch käme direkt bei den Göttern an und übermittele ihnen Botschaften. Gerade weil es eine schon so lange genutzte Technik ist, wirkt das Räuchern auf tiefe, teilweise unbewusste Teile unseres Inneren, als erinnerten wir uns an die Magie und die Kraft unseres uralten Rituals.

Räuchern steht dermaßen im Gegensatz zu der Art, wie wir sonst mit Dingen und Energien umgehen, dass allein schon die

Vorbereitungen ein magisches Gefühl auslösen. Es schafft eine Verbindung zu den Teilen in dir, die du im Alltag wahrscheinlich so sehr unterdrücken musst, dass du sie nicht einmal mehr kennst.

Welches Räucherwerk nimmst du nun am besten? Mache es wie immer: Halte es so einfach wie möglich.

Es gibt im Fachhandel besonders geformte Presskohle, die eine Vertiefung für Räucherkristalle hat. Du zündest sie an, legst dein Räucherwerk (in Kristallform) hinein – und fertig. Natürlich kannst du dir auch getrocknete Kräuterbündel besorgen.

Womit du räuchern möchtest, bleibt dir überlassen. Besonders reinigend wirken Salbei und Thymian. Halte dich an das, was für dich gut riecht und was dich besonders anzieht. Du willst ja lernen, deinen eigenen Impulsen zu folgen, und nicht schon wieder »Dinge richtig machen«, oder?

Streue ein bisschen Sand auf einen feuerfesten Teller, es kann auch ein Aschenbecher oder ein Tonblumentopf (ohne Loch) sein, und lege die Presskohle darauf.

Für deinen magischen inneren Anteil und für dein Inneres Kind ist es allerdings wunderbar, wenn es ein besonderer Teller ist, dein ganz persönlicher geweihter Ritualteller. Dazu nimmst du entweder einen, den du schon im Schrank stehen hast, und bemalst ihn, oder kaufst einen neuen. Es gibt natürlich auch richtige Räucherschalen, wenn du ein bisschen mehr Geld ausgeben möchtest.

Aber wie genau weiht man eine Schale? Nimm die Schale, halte sie in den Händen, und schließe die Augen. Stelle dir vor, wie Licht aus dem Universum und aus der Erde hineinfließt, und bitte um ein inneres Bild der Kraft, die dich trägt.

Tue das, was sich für deinen Glauben richtig anfühlt. Vielleicht gibt es ja in deiner Religion sogar ein festgelegtes Ritual.

Lege nun also die Presskohle auf deinen Teller, und zünde sie an. Wenn sie knisternd von Funken durchzogen ist, streue deine Räucherkristalle darauf. Aber Vorsicht, nicht zu viel, man unterschätzt leicht die Rauchentwicklung dieser Kristalle.

Nun nimm den Teller, und schreite damit durch deine Wohnung. Lasse den Rauch besonders überall da aufsteigen und in die Ecken strömen, wo du das Gefühl hast, die Energie fließe nicht richtig. Vielleicht gibt es auch Stellen in deiner Wohnung, die du mit besonderen Ereignissen verbindest. Reinige sie liebevoll, und sei sicher, es wirkt. Wenn du dich dem Ritual ganz hingibst, spürst du es von allein, und wenn du es nicht spürst, ist es nicht schlimm. Folge dir dahin, wohin es dich zieht.

Du kannst Dinge sagen wie: »Ich reinige den Raum von dem Streit, den ich hier hatte«, oder: »Ich befehle allen Energien, die meine Lebendigkeit nicht unterstützen, zu gehen.«

Vielleicht ist dein Kanarienvogel gestorben, dann reinige besonders die Stellen, an denen er immer gesessen hat, und gestatte seiner Seele, zu gehen, damit er frei ist.

Oder dein Partner hat dich verlassen, du willst aber in der ehemals gemeinsamen Wohnung bleiben. Folge deinem Gefühl, und reinige alle Plätze, die »seine« oder »ihre« waren. Nimm die Wohnung durch das Räucherwerk in deinen Besitz.

Wirf all die Energien hinaus, die noch im Raum sind, indem du den Rauch benutzt. Stelle dir vor, wie alles, was du nicht mehr in deiner Wohnung haben willst, mit dem Rauch nach oben in das Licht der göttlichen Kraft getragen wird.

Du darfst natürlich auch beten: Bitte die göttliche Kraft, alles von dir zu nehmen, was dich schwer und kraftlos macht, und es im Licht der Liebe aufzulösen, zu verwandeln und zum Guten zu wenden, ohne dass du wissen musst, was »zum Guten« bedeutet.

Du wirst spüren, von was du den Raum befreien willst, folge nur deinem Gefühl. Es geht nicht um »richtig« oder »falsch«, wenn du wirklich deinen inneren Impulsen folgst, kann es nur hilfreich sein, was du tust.

Vielleicht willst du nun den Teller auf den Boden stellen und dich selbst reinigen. Mache einen Schritt darüber, sodass der aufsteigende Rauch nun zwischen deinen Beinen (erstes Chakra) emporsteigt, und bitte ihn, alles von dir zu nehmen, was dich belastet, was nicht deinem Wesen entspricht oder schlicht nicht der Wille deiner Seele ist.

Am besten funktioniert dieses Ritual in der Natur oder auf deinem Balkon, wenn der aufsteigende Rauch bis in den Himmel hinaufströmen kann. Aber auch in deiner Wohnung hat es eine große Wirkung. Öffne hinterher alle Fenster des Raumes, in dem du dich gereinigt hast, damit der Rauch mitsamt deiner alten Energie abziehen kann.

Spürst du die Frische und Klarheit, das Gefühl, den Raum in deinen Besitz genommen zu haben?

DEIN LEBENSBRUNNEN (WASSERRITUAL)

Wasser löst, bringt Erstarrtes wieder in Fluss, weicht Erde auf, löscht Feuer und reinigt. Wann immer du das Gefühl hast, deine Lebensenergie fließt nicht richtig, erinnere dich an das Strömen des Wassers.

Du brauchst für dieses Ritual einen kleinen Zimmerbrunnen und deine Aufmerksamkeit. Welcher Bereich auch immer in deinem Leben deinem Gefühl nach nicht fließt, sprich ihn an, während du Wasser in deinen Brunnen füllst.

Zum Beispiel: »Meine Gefühle sind heute erfroren, mir fällt nichts ein, und ich habe keine Lust zu arbeiten.«

Füge, wenn du willst, ein paar Tropfen Bachblüten hinzu oder einen kleinen Zettel, auf dem steht, was in dir erstarrt ist. Symbole, die du in den Brunnen legst – wie Geldstücke für den Geldfluss, einen Rosenquarz oder ein Herz für Liebe, einen Bergkristall für Klarheit – verstärken die Wirkung noch. Dann bringe den Brunnen in Gang, und sage: »Ich bitte dich, löse meine erstarrten Gefühle, und bringe mich in allen Bereichen zurück in den Fluss des Lebens« oder etwas Ähnliches.

Was aber, wenn du keinen Zimmerbrunnen hast? Dann hilft dir folgendes Ritual:

GEWEIHTES WASSER (WASSERRITUAL)

In einer Zeit, als ich nach einer Trennung sehr viel Heilung brauchte, habe ich ein für mich wunderbar hilfreiches Ritual durchgeführt:

Ich nahm eine schöne Schale und stellte sie in einer regnerischen Vollmondnacht auf den Balkon (wenn es nicht regnet, fülle die Schale mit Leitungswasser, und stelle sie raus; der Mond energetisiert das Wasser). Am nächsten Morgen war die Schale gefüllt mit Vollmondwasser.

Der Mond hatte das Wasser für mein Gefühl mit magischer weiblicher Kraft aufgeladen (für dich erfüllt der Mond das Wasser mit dem, was du spürst und was du brauchst). Ich goss einige Tropfen des Aura-Soma-Öls hinzu, das ich gerade benutzte, zwei, drei Tropfen Bachblüten, legte noch einen großen Bergkristall in die Schale und ließ ein paar Rosenblüten auf dem Wasser schwimmen.

Das war nun mein persönliches Weihwasser, und immer, wenn ich mich furchtbar fühlte, was etwa fünfzigmal am Tag geschah, benetzte ich meine Fingerspitzen mit dem Wasser und schlug das Kreuz. Ich weihte mich selbst, und ich bin sicher, das trug einen großen Teil zu meiner Heilung bei. Es ist ein wunderbares Gefühl von Selbstverantwortung, für die Dinge zu sorgen, die ich brauche.

DAS EDELSTEINBAD (WASSERRITUAL)

Wir wissen, dass sich Wassermoleküle nach bestimmten Energiefeldern ausrichten. Heilquellen führen oft Wasser, das durch starke Erdmagnetfelder hindurchgeflossen ist.

Wenn du deine Hände um ein Glas mit klarem Wasser legst und ganz bewusst eine bestimmte Gefühlsqualität in das Wasser schickst, richten sich die Moleküle aus, sie »ordnen« sich, das kann man unter einem Elektronenmikroskop beobachten.

So speichert Wasser Informationen, und das wollen wir nun für uns nutzen.

Wenn du das Gefühl hast, besonders viel von einer bestimmten Energie zu brauchen, dann fülle eine Badewanne mit Wasser, und lege Edelsteine mit der entsprechenden Schwingung hinein. Gehe dabei ganz nach deinem Gefühl. Es gibt natürlich eine Unmenge Bücher darüber, aber es ist besser, du nimmst einfach die Steine, die dich anziehen, auch wenn sie andere Informationen tragen, als du zu brauchen glaubst. Manchmal weiß unsere Seele noch viel besser als unser Bewusstsein, was nötig ist.

Gib alles hinein, was dich mit der Kraft verbindet, in der du buchstäblich baden willst.

Wenn du dann in der Wanne liegst, öffne dich ganz bewusst für die Energie. Stelle dir vor, welche Farbe sie haben könnte, wie sie sich anfühlt, erlaube ihr, in jede Zelle hineinzufließen. Bleibe so lange liegen, wie es dir guttut. So lange, bis du wirklich erfüllt bist von dem, was du brauchst. Dann bedanke dich bei dem Wasser, und gib es frei, damit es seine durch dich geformte Struktur wieder loslassen kann.

LANGFRISTIGE VERÄNDERUNGEN

Wenn du auf Dauer gut mit Energie versorgt sein willst, kommst du irgendwann nicht mehr darum herum, deine Bedürfnisse und deine inneren Impulse wirklich ernst zu nehmen. Alles, wonach dein Herz ruft, braucht Raum in deinem Leben. Du musst nicht gleich wissen, wie du diesen Raum schaffen kannst, aber du darfst dich dafür öffnen.

Weißt du, wenn du nicht für deine Grundbedürfnisse sorgst, bist du in einem wichtigen Bereich deines Lebens vom Energiestrom abgeschnitten. Dann kannst du Übungen machen, so lange du willst, du wirst nie wirklich satt werden, weil es ein Ersatz bleibt.

Manchmal muss die äußere Welt sich einfach ohne dich weiterdrehen. Du hast eine Innenwelt, der du dich genauso verpflichtet fühlen solltest wie deinen Kindern, deinem Partner, deiner besten Freundin, deiner Wohnung oder deiner Arbeit.

Wenn du nicht manchmal abtauchst, dich wie eine Seejungfrau in die Tiefen deines inneren Meeres begibst, um nur zu tun, wonach dir ist, wirst du bald völlig ausgebrannt und leer sein. Die Energie, voller Freude und Begeisterung deinen Alltag zu leben, kommt aus den kreativen inneren Teilen, die schöpferisch, spielerisch und liebevoll sind, voller Lebendigkeit und voller Überraschungen.

Wenn du allzu sehr funktionierst, immer die liebe Tochter, die verständnisvolle Freundin, die perfekte Hausfrau bist, obwohl alles in dir nach einer Auszeit schreit, langweilen sich die lebendigen Teile in dir zu Tode. Und weil sie viel zu lebendig sind, um sich tatsächlich zu Tode zu langweilen, wirst du sie spüren: Sie machen dich aggressiv und ärgerlich, oder du fühlst dich deprimiert und hast bald zu nichts mehr Lust.

Wenn du dem, was du willst, nicht folgst, hält das Leben kein Ersatzprogramm bereit. Entweder du folgst dem Strom deiner Energie oder eben nicht. Es gibt nur diesen einen Strom, du schwimmst voller Lebendigkeit und Freude mit, oder du lässt es.

Das Leben bietet dir pro Sekunde eine einzige kraftvolle Weise, es zu leben, es gibt genau einen Impuls.

Wenn du ihm nicht folgst, dann musst du dir selbst etwas ausdenken – und das ist immer langweiliger, vorhersehbarer und weniger kraftvoll als der Impuls des Lebens selbst, weil er aus deinem Erfahrungsschatz kommt, der nun einmal begrenzt ist. Meistens fällt uns dann nichts weiter ein als zwei bis fünf Ideen, die alle mit »Ich sollte endlich« beginnen – und das lähmt schon wieder.

Wenn du das weißt, dann weißt du auch, du wirst immer geführt, du brauchst nur nach innen zu lauschen und dem zu folgen, was das Leben dir anbietet.

Hui, höre ich deinen Aufschrei. »Ja, aber …« Natürlich hast du recht, so einfach ist es nicht, lasse dir das nicht weismachen. Ein bisschen aber stimmt es dennoch, oder?

LEBE DEINEN TRAUM

»Träume nicht dein Leben, sondern lebe deinen Traum«, lautet ein alter Spruch. Nun, das ist ein hoher Anspruch. Wir alle wissen tief in uns genau, warum wir unsere Träume lieber im Bereich der Möglichkeiten lassen, anstatt zu versuchen, sie auf die Erde zu bringen.

Josephine Baker erklärte einmal: »Wenn du deinen Traum leben willst, musst du erst einmal aus ihm erwachen«, und das ist genau der Punkt. Wir wollen nicht aufwachen. Wir wollen die romantische Vorstellung darüber, wie anders unser Leben verlaufen könnte, wenn wir nur dies oder jenes erreichen würden, nicht aufgeben.

Bevor mein erstes Buch veröffentlicht wurde, dachte ich, das wäre das Tollste, was überhaupt passieren könnte. Alle meine Sorgen und Ängste wären mit einem Schlag weg, ich hätte erreicht, was ich immer erreichen wollte: Ich würde mich endlich als vollwertiges, erfolgreiches Mitglied unserer Gesellschaft fühlen und nie wieder unsicher sein.

Aber so läuft es nicht. Es war wunderbar, und es machte mir eine riesige Freude, aber es nahm mir nicht plötzlich alle Last von den Schultern.

Wenn du tatsächlich beginnen willst, das, was du tief im Herzen tun möchtest, zu verwirklichen, dann nimm Abschied von der Idee, es würde mit einem Schlag deine ganze Art, zu fühlen, zu denken und zu leben, verändern. Vielleicht passiert das bei einigen von uns, aber es ist nicht die Regel.

Wenn du deinen Traum auf die Erde zu holen beginnst, dann setzt der irdische Prozess der Entzauberung ein, die Weichzeichner verschwinden, er bekommt Konturen und Kanten, auch scharfe. Du musst dich vielleicht mit der Gründung einer AG herumschlagen, mit Steuern, mit der Angst, zu versagen, nicht gut genug zu sein.

»Toller Trick«, sagst du jetzt vielleicht, »was will die? Soll ich es etwa gar nicht erst versuchen, soll ich im Sessel sitzen bleiben und meinen Traum nicht leben?«

Doch. Gerade deshalb.

Du bist auf der Erde und bist mit den irdischen Vorgehensweisen, Gefühlen und Gedanken vertraut. Wenn du weißt, dein Traum gerät in die Mühle der irdischen Gesetze (Zeit spielt plötzlich eine Rolle, Raum, du brauchst Gerätschaften, vielleicht eine andere Wohnung, Geld), sobald du ihn leben willst, dann wird er dir vertraut. Es ist machbar. Du kennst die Schritte. Du brauchst keine Fee, die den Zauberstab schwingt, und plötzlich ist alles anders.

Kannst du dir vorstellen, wie beängstigend es sein könnte, wenn plötzlich alles anders wäre? Wie viele über Nacht erfolgreiche Musiker, Schauspieler oder Schriftsteller rutschen ab, beginnen zu trinken oder andere Drogen zu nehmen, weil sie mit all den Veränderungen nicht klarkommen?

Wenn du dir erlaubst, deinen Traum in kleinen Schritten auf die Erde zu holen, anstatt die endgültige, absolute, plötzliche Veränderung zu erhoffen und zu erwarten, dann kannst du mit ihm wachsen, dich langsam an die Veränderung gewöhnen, damit leben und in deiner Mitte bleiben. Wenn du kleine Schritte zu machen beginnst, fühlt es sich wahrscheinlich nicht so spektakulär an, wie du gehofft hast, nicht so aufregend und aufwühlend. Aber das ist auch eher ein süchtiger Kick als eine echte, stabile Veränderung zum Guten hin, nicht?

Julia Cameron sagt in ihrem Buch »Der Weg des Künstlers«: Wenn du etwas verändern willst, dann fülle die Form, die im

Moment da ist, warte nicht auf die große Gelegenheit, sondern erkenne die Möglichkeiten, die du jetzt, heute, hast.

Was passiert, wenn wir wie trotzige Kinder darauf warten, dass »die Welt« uns endlich zur Kenntnis nimmt und uns für unsere überragenden Fähigkeiten die Aufmerksamkeit, das Geld oder das Atelier zur Verfügung stellt, also das, was wir brauchen, um tätig zu werden? Wir verziehen uns schmollend in die Ecke, denn wieso sollte »die Welt« etwas für uns tun, was wir selbst für uns tun könnten?

»Wenn ich was mache, dann mache ich es richtig«, denkst du vielleicht. Und solange du nicht genau weißt, wie du deinen Traum verwirklichen sollst, machst du lieber gar nichts. Aber, liebe Leserin, lieber Leser, woher sollst du es denn wissen, wenn du es nicht versuchst?

Was ist dein Traum?
Was will dein Herz?
Wozu bist du auf die Erde gekommen?

Schließe die Augen, und erlaube deinem Herzen, sich einmal ungehindert seiner Sehnsucht hinzugeben. Was willst du, was treibt dir die Tränen des Glucks in die Augen, wenn du nur daran denkst? Was wäre das Tollste, Größte und Schönste, was überhaupt passieren könnte?

Vergiss den Anspruch, dass es realistisch sein muss. Woher weißt du denn, dass das nicht ist? Du hast es doch noch nicht ausprobiert, oder?

Wenn es auch nur einen einzigen Menschen auf der Welt gibt, der erreicht hat, was du willst, dann ist es offensichtlich möglich. Den Weg brauchst du noch nicht zu kennen, du kannst ihn noch gar nicht kennen!

Magst du nicht aufschreiben, was du möchtest? Wieso schreibst du nicht ein kleines Märchen, so etwa:

»Es war einmal ein Mann, der hieß Fritz. Fritz war der glücklichste Mensch der Welt, denn er hatte alles erreicht, was er sich je gewünscht hatte. Er ist ein Jahr lang mit einem Segelschiff um die Welt geschippert. Und das kam so: Eines Tages entschloss er sich, seinen Chef zu fragen, ob er ihm für ein Jahr unbezahlten Urlaub geben könnte, und dieser stimmte zu ...«

Bitte sage jetzt nicht: »Mein Chef würde das nie tun.« Du weißt es nicht, und du machst dir damit nur gleich wieder alles kaputt. So ist das, wenn wir unsere Träume auf die Erde bringen wollen. Sie scheitern meist an den grundlegendsten Dingen, nämlich an unserer Bereitschaft, sie tatsächlich Wirklichkeit werden zu lassen. Ich will dir keinen Mut machen, indem ich sage, dass jeder schaffen kann, was er sich vorgenommen hat, alles ist möglich – das stimmt nämlich nicht wirklich.

Wenn du aber deinem Traum, wie auch immer er aussieht, erlaubst, sich zu verwirklichen, verändert er sich. Er wird machbarer, konkreter, vielleicht sehr viel weniger aufregend, aber dafür sehr viel wärmender und echter.

Wenn es etwas gibt, von dem du weißt, es macht dich glücklich und füllt dich aus, dann vergiss alle Voraussetzungen, die du zu brauchen glaubst, und mache es einfach. So verrückt und unwirklich kann dein Traum gar nicht sein, dass es nicht einen kleinen Schritt gäbe, den du heute machen kannst. Ja, heute, wann denn sonst? Egal, wie alt du bist, du hast genug Zeit verstreichen lassen.

Wenn wir total ausgehungert sind, glauben wir, wir bräuchten einen riesigen Topf voll Nahrung. Aber nach einem, vielleicht auch zwei Tellern sind wir satt. Du brauchst wahrscheinlich sehr viel weniger, um deinen Traum auf die Erde zu bringen, als du glaubst und befürchtest.

Damit will ich dich nicht herunterhandeln: Bitte verwirkliche alles, was dich glücklich macht, so groß und überwältigend es auch sein mag. Aber fange an damit, auch wenn es noch nicht in dem Umfang geht, den du gern hättest. Lasse dich nicht von der Größe deines Traums überwältigen. Erlaube ihm, in kleinen, für dich überschaubaren Schritten auf die Erde zu kommen, und nimm Abschied von dem atemberaubenden, überwältigenden Gefühl, das du dir erhoffst. Es gibt etwas sehr viel Besseres, nämlich echte, tiefe Erfüllung und Befriedigung.

Das Leben unterstützt dich, wenn du beginnst, etwas zu verwirklichen. Mache eine Collage, schreibe eine Liste, und beginne heute mit dem ersten Schritt. Jeden Berg erklimmst du auf diese Weise, jeden Traum kannst du dir so erfüllen. Tue, was heute ansteht, mehr ist nicht nötig.

Wenn wir uns etwas sehr wünschen, steckt manchmal auch ein Bedürfnis dahinter, das mit dem Traum recht wenig zu tun haben kann. Stelle dir doch einmal vor, du wärst in genau der Situation, die du dir so sehnlich erhoffst.

Fühle, was du fühlst – was genau passiert in dir? Fühlst du dich glücklich, geliebt, gesund, erfolgreich, anerkannt, wahrgenommen? Welches tiefe Bedürfnis wird durch dieses innere Bild endlich gestillt? Es kann ein bisschen schwierig sein, das zu spüren.

Atme, und gestatte dem Gefühl, das sich einstellt, dich vollkommen auszufüllen ... Noch ein bisschen mehr, ja, so ist es gut.

Wie würdest du nun den Satz: »Das fühlt sich an, als ob ...« beenden? Lasse die Augen geschlossen, bleibe in Verbindung mit deinem Gefühl, und sage immer wieder: »Das ist wie ...«, oder: »Das fühlt sich an, als ob ...« Und dann frage dich: »Was gibt mir noch dieses Gefühl?« Und sei offen für die Antwort. Vielleicht hast du das noch nie so gesehen.

Damit wirst du ein bisschen unabhängiger von der Erfüllung deines Traums, verstehst du? Wenn du dich geliebt fühlen willst und glaubst, dazu die Anerkennung von mindestens zehntausend Leuten zu brauchen, die dir zujubeln, dann kann das ein langer Weg werden.

Dabei darfst du das Gefühl, geliebt zu werden, jetzt, in diesem Moment spüren, weil du da bist, du kannst dich selbst lieben. Dann kannst du noch immer alles dafür tun, irgendwann den Applaus von all diesen Menschen zu bekommen, aber deine Grundbedürfnisse sind nicht mehr daran gebunden.

Durch diese Übung lernst du deine emotionalen Wünsche kennen. Du weißt nun, was deine Gefühle brauchen, und kannst auf diese Weise viel besser für dich selbst sorgen.

Nur für heute tue, was dich der Erfüllung deines Traumes ein Stückchen näherbringt. Und nur für heute lasse, was dich davon entfernt. Verpflichte dich dir selbst, deinem Herzen, deinem Traum. Dein Traum ist es, der dich zu deiner Bestimmung führt. Alle Fragen nach dem Sinn des Lebens hören auf, wenn du deinen Traum zu leben beginnst.

Stück für Stück für Stück. In ein paar Tagen wird dieses tiefe, nagende, energiefressende Wissen, nicht wirklich für dich einzutreten, verschwinden. Dann spürst du vielleicht zum ersten Mal in deinem Leben, wie erfüllend es ist, tatsächlich zu tun, weswegen du überhaupt auf die Erde gekommen bist.

Wir sind verantwortlich dafür, wie wir uns fühlen. Was immer wir ändern können, was immer einen Impuls in uns auslöst, sollten wir ändern.

Ich erlebe es so, und das bestätigen viele Menschen, mit denen ich in Kontakt bin, nicht Hunderte, sondern Tausende: Wenn du deinen Traum ernst nimmst und dich ihm verpflichtest, dann kommt dir das Leben ein riesiges Stück entgegen, das ist einfach so. Gelegenheiten tun sich auf, die vielleicht auch vorher schon da waren, doch du bemerktest sie nicht. Außerdem gibt es eine Art idealer Zeitqualität: Wenn die Gelegenheit da ist, nimmst du auf einmal deinen Traum ernst, bekommst einen Impuls und anders herum. Es geschieht zeitgleich, verstehst du? Nicht kausal, das eine bedingt das andere, sondern: Der Impuls ist da, die Idee wird in dir und durch dich geboren, und die Gelegenheit ist da. Manchmal aber muss man auch einfach durchhalten und weitermachen.

Nur ein kleines Beispiel: Als ich zu schreiben begann, 1992, da gab es den Schirner Verlag, in dem auch dieses wie so viele andere meiner Bücher erscheinen, noch gar nicht! Es ist der ideale Verlag für mich, und deshalb musste ich auf ihn warten. Natürlich fühlte ich mich unfähig, nutzlos, erfolglos, traurig, all das, was du auch kennst. Mache weiter. MACHE WEITER. Deine Gelegenheit kommt, es geht gar nicht anders.

Wenn du deinen Traum auf die Erde holst und erkennst, dass er aus kleinen, irdischen, machbaren Schritten besteht, verändert sich auch ein anderer Bereich deines Lebens: Die Angst vor allen möglichen Situationen, von denen du befürchtest, sie könnten dich überwältigen, wird geringer. Du bemerkst, dass sogar die Ereignisse oder inneren Zustände, vor denen du Angst hast, in kleinen, überschaubaren Schritten bewältigt werden können. Fast nichts, was den Weg auf die Erde findet, ist so dramatisch, dass du nicht damit umgehen könntest, weil du dich hier auskennst. Es sind meist nur unsere Vorstellungen, die uns überfordern. Wenn es dann geschieht, kommen wir durchaus klar. Es erfordert vielleicht viel Kraft, aber nicht mehr, als wir aufbringen können.

IN FRIEDEN KOMMEN

Spürst du, dass du irgendwie blockiert bist, nicht im Vollbesitz deiner Kräfte? Dann sind sie vielleicht gebunden.

Zu den wichtigsten Schritten, die du gehen kannst, um deine Kraft zu dir zurückholen, gehört das In-Frieden-Kommen.

Warum nicht das Vergeben? Weil es, um wirklich zu vergeben, ein Gegenüber braucht, das bereut. Bereut der, der dich verletzt hat, nicht, was er dir zugemutet hat (manchmal gibt es auch gar nichts zu bereuen), dann prallt die Energie, die du ihm anbietest, nämlich deine Vergebung, an ihm ab. Es gibt dann eine Art energetischen Rückstoß, der dir wehtut. Diesen Rückstoß kann man sehen, wenn man diese Felder aufstellt.

Bist du aber bereit, in Frieden mit dem zu kommen, was war und was ist, dann kannst du aus dem Groll und der Vermeidung aussteigen, und das Leben darf wieder fließen.

In Frieden zu kommen bedeutet nicht, dass du die Handlungen deines Gegenübers oder auch deine eigenen gutheißt oder je wieder zulassen wirst. Es bedeutet aber, dass du loslässt und dich nicht länger emotional daran binden willst.

Egal, was passiert ist, wenn du nicht irgendwann in Frieden damit kommst, befindest du dich in einer Art Warteschleife, die auf Rache oder Rechtfertigung ausgerichtet ist. Dein Blick bleibt wie magisch an den Personen haften, die dir deiner Meinung nach Unrecht zugefügt haben.

Damit ist ein großer Teil deiner Kraft gebunden. Du denkst wahrscheinlich immer wieder darüber nach, verlierst dich in Tagträumen und hast keinen Blick für das, was dir das Leben heute schenken will, weil du noch immer auf die Wiedergutmachung von damals wartest. Du kannst dir leicht vorstellen, wie viel Kraft dich das kostet.

Bevor du aber auch nur darüber nachdenken kannst, in Frieden zu kommen, wollen deine eingefrorenen Gefühle gespürt werden. Für emotionale Energie gibt es keine Vergangenheit. Wenn du deine Gefühle nicht zulässt, bleiben sie wie erstarrt in dir hängen und halten in diesem Bereich deiner Wahrnehmung die Zeit an. Dann wirst du, was immer dir widerfährt, durch die Brille der alten Verletzung wahrnehmen und zum Beispiel Angriffe vermuten, wo überhaupt keine stattfinden.

Kannst du dir vorstellen, wie sehr es dich daran hindern kann, glücklich und zufrieden zu leben, wenn du noch in altem Groll feststeckst? Du kannst es dir gar nicht erlauben, glücklich zu werden, weil der, der dir Unrecht zugefugt hat, dann auf die völlig absurde Idee kommen könnte, dass du emotional überlebt hast, was er dir angetan hat. Das könnte ja bedeuten, dass es gar nicht so schlimm war – und das darfst du nicht zulassen.

Erkenne deine Gefühle an. Ja, es war so schlimm, und du wirst es nie wieder zulassen, so sehr verletzt zu werden.

Es gibt viele Möglichkeiten, in Frieden zu kommen. Eine ist diese hier:

Nimm dir zwei Kissen, lege eins vor dich, und setze dich auf das andere. Das ist eine Übung aus der Gestalttherapie, probiere sie einfach aus.

Nun stelle dir vor, das Kissen, das vor dir liegt, sei der- oder diejenige, der oder die dich so verletzt hat. Schiebe es so weit von dir weg, bis es sich für dich gut oder zumindest erträglich anfühlt.

Achte auf deinen Atem, atmest du noch? Tue es bitte.

Schließe deine Augen, und fühle, was du fühlst.

Nun stelle dir vor, deine Gefühle verwandeln sich in einen grauen Nebel oder in Rauch. Stelle dir nun vor, dass dieser Nebel zu dem anderen hinströmt.

Du kannst diesen grauen Gefühlsnebel zum anderen senden oder auch in die Situation hinein, die dich verletzt hat. Probiere beides aus. Nimm wahr, was sich dadurch in dir verändert.

Nun atme wieder tief durch, und setze dich auf das andere Kissen. Du schlüpfst damit in die Rolle des anderen. Ich weiß, das ist eine große Herausforderung.

Schließe die Augen, atme, fühle dich ein, und wundere dich nicht, wenn du tatsächlich spürst, wie sich dieser Platz anfühlt. Öffne deine Augen dann wieder, und schaue nun dem Kissen »in die Augen«, auf dem du vorher gesessen hast.

Wie nimmst du diese Person (also dich selbst) wahr? Hast du ihr tatsächlich so sehr unrecht getan, oder trug sie ihren Teil dazu bei? Kannst du sie um Verzeihung bitten? Bist du deinerseits wütend und fühlst dich ungerecht behandelt, falsch gesehen?

Dann erlaube diesem Gefühl (das ja das Gefühl des anderen ist) in dir, zu einem Nebel zu werden, und lasse diesen zu deinem Gegenüber strömen, also zu dir selbst hin.

Was geschieht, wie fühlt sich das an?

Wenn du fertig bist und alles gesagt hast, wechsle den Platz noch einmal, und widerstehe der Versuchung, dich zu rechtfertigen oder zu diskutieren. Das war die Art, wie der andere dich wahrgenommen hat – nicht, wie du es vielleicht gemeint hast.

Gibt es etwas, für das du den anderen um Verzeihung bitten solltest? Worin liegt deine eigene Verantwortung?

Fängst du an, zu verstehen, auf welche Weise du die verletzende Situation mit geschaffen hast? Hast du nicht früh genug »Stopp« gesagt? Vom anderen Dinge erwartet, die er dir gar nicht geben konnte? Bist du gegen dein inneres besseres Wissen in einer Situation geblieben, die sich nicht gesund anfühlte? Immer in der Hoffnung, der oder die ändert sich noch, wenn du nur lange genug redest? Worin genau bestand die Verletzung, und war sie wirklich gegen dich gerichtet?

Bist du bereit, in Frieden mit dem zu kommen, was ist und was war? Wenn ja, dann stelle dir vor, ein Licht strömt ich dich ein, das Licht des Friedens. Du kannst dir auch einen dritten Platz erschaffen, ein drittes Kissen dazulegen: den Platz des inneren Friedens. Setze dich auf diesen Platz, und schaue dir die Situation von dort aus an.

Um in Frieden zu kommen, braucht es eine wesentliche Voraussetzung. Dein Schmerz muss in aller Tiefe bezeugt werden. Vom dich verletzenden Gegenüber? Nicht zwingend. Es genügt, wenn du selbst deinen Schmerz anerkennst. Verstehe bitte, dass du sehr viele Bewusstseinsebenen hast. All diese Ebenen brauchen etwas Unterschiedliches, um zu heilen. Der emotionalen Ebene, besonders dem Inneren Kind, nutzt es nicht viel, zu wissen, dass du diese verletzende Situation mit erschaffen hast, dadurch wird sie nicht berührt. Warum nicht? Weil die Emotionen in ganz anderen Hirnteilen entstehen als die spirituellen, bewussten Erkenntnisse. Diese Hirnteile sind nicht unbedingt gut miteinander vernetzt.

Nimm dir also bitte noch einmal zwei Kissen. Das eine steht für dich in deinem Schmerz, das andere für dich in deinem Mitgefühl. Selbstverständlich kannst du diese Übung auch gern vor dem Spiegel machen.

Setze dich nun bitte auf den Platz, an dem du mit dem Schmerz in Kontakt bist. Vielleicht fühlst du dich nun wie ein Kind, das ist vollkommen in Ordnung. Fühle deinen Schmerz und deine Wut, fühle sie einfach. Setze dich nun auf den Platz deines Mitgefühls, also dir gegenüber. Schaue dich in deinem Schmerz an, und sage dir laut: »Ich sehe deinen Schmerz, und du hast mein volles Mitgefühl.« Sage das so oft, wie du willst.

Wechsle dann noch einmal den Platz, und nimm wahr, wie es sich anfühlt, im Schmerz gesehen zu werden und das aufrichtigste Mitgefühl zu bekommen – dein eigenes.

EMOTIONALE VERTRÄGE LÖSEN

Du hast nun einige Rituale kennengelernt, die dich von alter Energie befreien können. Jetzt wird es vielleicht ein bisschen grundsätzlicher und radikaler. Es kann nämlich auch sein, dass dich Versprechungen, sogar Schwüre, an die Vergangenheit binden, von denen du nichts mehr weißt oder die du sowieso unbewusst abgelegt hast. Deshalb sind sie aber nicht weniger wirksam.

Du willst dich vielleicht immer wieder von deinen Eltern, deiner Freundin, deinem Exmann abnabeln, aber du schaffst es nicht. Du kannst nicht loslassen, obwohl dir die Art, wie ihr miteinander umgeht, weder gefällt noch guttut, dich vielleicht sogar krank macht. Es ist, als fielst du immer wieder auf deine eigenen inneren Programme herein. Du spürst, da läuft etwas mehr als schief, aber du kannst es nicht ändern, obwohl du es weiß Gott versuchst.

Dann wird es Zeit, dir die unbewussten Verträge anzuschauen, die du mit diesen Menschen geschlossen hast, um die Beziehung mit ihnen zu festigen und zu sichern. Diese Absprachen können sehr weit in die Vergangenheit zurückreichen und dir ziemlich absurd vorkommen, aber sie wirken. Nur weil du sie vielleicht nicht wahrhaben willst, lösen sie sich noch lange nicht in Luft auf.

Es gibt eine Reihe sehr wirkungsvoller Techniken, um solche Verstrickungen aufzulösen: von Familienaufstellungen bis hin zu Rückführungen. Hier stelle ich dir eine vor, die du allein und jetzt gleich durchführen kannst.

Wenn du das Gefühl hast, du brauchst Hilfe dabei, dann hole dir welche: Wir alle brauchen bei unserer Entwicklung Unterstützung von anderen, an jedem Punkt eine andere Art.

Nimm ein Blatt Papier, und schreibe den Namen der Person auf, mit der du dich zurzeit am meisten verstrickt fühlst, die dich deiner Meinung nach nicht loslassen will, der du hinterhertrauerst oder um deren Liebe du noch immer kämpfst.

Nun schreibe ganz spontan, ohne nachzudenken und egal, wie absurd dir das vorkommen mag, jeweils ein paar Sätze auf, die beginnen mit:

* »(Name), ich werde immer ...« (Was? Für dich da sein? In deiner Schuld stehen? An deiner Seite sein? Weniger wert sein als du?)

* »(Name), ich werde nie ...« (von dir gehen, mein Leben wirklich leben, glücklich sein, ohne dich leben können – na, was ist es?)

* »(Name), ich werde nie wieder ...« (allein sein, ohne dich sein wollen, von dir lassen, vertrauen, lieben?)

* »(Name), ich werde dich (oder dir) immer ...« (lieben, hassen, verfolgen, treu sein; schreib einfach auf, was dir einfällt, es stimmt)

* »(Name), ich werde dich (dir) nie (nie wieder) ...« (verletzen, verlassen, frei sein lassen, loslassen, unglücklich machen usw.)

Danke für deinen Mut.

Nun schauen wir einmal: Was willst du dafür haben?

Doch, du willst etwas dafür haben, tut mir leid. Schaue bitte genau hin, sonst bleibst du stecken. Ja, vielleicht fliegt dein Bild vom engelsgleichen Opferlamm auf den Müll, wird sowieso langsam Zeit. Ein Opferlamm zu sein ist ohnehin alles andere als engelsgleich. Es ist keine Liebe, sondern eine Krankheit.

Erlaube dir also, offen zu bleiben und dir selbst zuzuhören.

* »Dafür will ich, dass du ...«

So beginnt der Satz. Was fällt dir dazu ein, ganz spontan? Schreibe es auf, von mir aus hier ins Buch.

Wenn du erst darüber nachdenkst, wird es nichts, weil du es durch den inneren Zensor laufen lässt. Der entscheidet dann, was du fühlen darfst und was nicht. Also was? Mich liebst? Mich nie verlässt? Immer für mich da bist? Mir nie wehtust? Mich immer beschützt oder versorgst? Oder was ganz anderes?

Was auch immer du willst, das der andere für dich tut, du musst bereit sein, darauf zu verzichten, und lernen, es dir selbst zu geben oder von einer höheren Kraft zu erbitten, wenn du die Verstrickung lösen willst. Das kann sehr beängstigend sein und sehr schmerzhaft.

Eine Frage habe ich aber noch, bevor wir weitergehen: Funktioniert euer Geschäft eigentlich? Kriegst du, was du willst? Oder bist du die Einzige, die den Vertrag einhält? Kann es sein, dass du

a) nicht erkennen oder
b) nicht wahrhaben willst, dass vom anderen nichts kommt, oder
c) hoffst, dass sich die Situation noch ändert, wenn du nur lange genug liebst, opferst, wegschaust?

Vielleicht auch nicht, vielleicht haltet ihr beide den Vertrag ein. Aber ist der Preis nicht absurd hoch?

Ich danke dir sehr für deine Bereitschaft, dich dem zu stellen, ich weiß, es ist wirklich sehr schmerzhaft und löst vielleicht auch Schamgefühle aus. Aber die Freiheit, die kommt, wenn du das loslässt, ist es unbedingt wert.

Also, weiter geht's! Schauen wir nach dem Opfer, das du bringst.

Wie genau sieht es aus, was genau tust du, um deine Seite des Vertrags zu erfüllen?

* »(Name), dafür opfere ich dir ...« (meine Lebendigkeit, meine Karriere, die Liebe zu meiner Mutter, meinen Wunsch nach Kindern, meine Gesundheit, meine spirituelle Erfüllung usw.)

Schaue nach, was dir einfällt, und lasse dich von der Intensität nicht abschrecken. Wir sind so, wir opfern unser Leben für ein bisschen vermeintliche Sicherheit. Das Innere Kind tut alles, um nicht verlassen zu werden. Das muss es auch. Denn als Kind war dein Leben davon abhängig, dass sich jemand um dich kümmert. Doch du bist nun erwachsen und kannst dich selbst versorgen.

Auf welche Weise verwirklichst du das, was genau tust du, um die Vereinbarung zu erfüllen? Gehst du zum Beispiel nicht zu dem Vortrag über Tarotkarten, weil dein Mann das total bescheuert findet? Hast du ihn überhaupt gefragt, oder tut er seine Meinung kund, egal, ob sie einer hören will oder nicht?

Gehst du nicht mit Kumpels zum Fußball (Gott, ist das ein Klischee, aber was anderes fällt mir gerade nicht ein, und oft genug ist es ja auch so), weil deine Frau sich sonst einsam fühlt?

Egal, was du aufgeschrieben hast: Das ist der Preis, den du zu zahlen bereit bist, um dich geliebt und versorgt zu fühlen. Letztlich geht es immer nur darum.

Doch nun nehmen wir unsere Kraft zu uns zurück und kümmern uns um uns selbst.

Nimm jetzt bitte wieder die beiden Kissen wie in der Übung vorher, setze dich auf das eine, und lege das andere in angemessener Entfernung vor dich.

Atme, schließe die Augen, und fühle dich in den Platz hinein. Nimm wahr, welche Gefühle und Gedanken kommen.

Öffne die Augen, schaue deinem Gegenüber ins Gesicht, und sage: »Ich bin nun bereit, den Vertrag, den ich mit dir geschlossen habe, zu kündigen. Ich bin nun bereit, die Verantwortung für mich selbst zu übernehmen; ich lasse dich nun los. Ich bin nun bereit, dich zu ... (sage hier, was du versprochen hattest, niemals zu tun) und den Schmerz (oder die Leere, die Angst), der dann kommt, zu tragen.«

Das kann sich etwa so anhören: »Liebe Mutter, ich übernehme nun die Verantwortung für mich, und ich kündige den Vertrag mit dir. Ich bin nun bereit, dich zu verletzen, wenn es sein muss, und das Schuldgefühl, eine schlechte Tochter zu sein, und die Angst, dass du mich nicht mehr liebst oder dir etwas antust, auszuhalten. Ich liebe dich, aber ich bin nicht länger bereit, mein Leben einzuschränken, um dich nicht zu verletzen.«

Der ursprüngliche Satz dazu könnte gewesen sein: »Ich werde dich nie verletzen, dafür verzichte ich auf alles, was anders ist als das, was du für mich willst. Ich gehe nicht meinen Weg, sondern deinen. Dafür gibst du mir Sicherheit und Geborgenheit und das Gefühl, alles richtig zu machen, vielleicht sogar besser als du selbst.«

Uff, das ist hart, was?

Spüre deine Gefühle. Vielleicht weinst du, schreist, bekommst Angst – spüre sie, und sei es auch nur ganz kurz. Wenn du diese Verträge nicht löst, bleibst du für immer gebunden und kannst nie tun, was sich innerlich richtig anfühlt. Du kannst deinen Weg nicht gehen. Das heißt ja nicht, dass du nun willentlich deine Mutter verletzen sollst. Du musst es aber riskieren, wenn du lebendig sein willst. Im Zweifelsfall musst du zu dir selbst Ja sagen.

Falls du dir diese Übung nicht zutraust, dann willst du auch hier vielleicht lieber einen Brief schreiben. Du brauchst ihn ja nicht abzuschicken. Es hilft sehr, einmal alles anzusprechen, was sich angestaut hat, gerade die Dinge, die du deiner Meinung nach nicht einmal fühlen darfst.

Ich verrate dir nun etwas, was du sicher längst ahnst: Wenn sich die Menschen durch das, was du tust, verletzt fühlen, dann sind sie selbst viel zu abhängig von dir. Und dann wird es langsam Zeit, dass sich das löst. Es tut weder dir noch dem anderen gut, wenn ihr so sehr in Abhängigkeiten verstrickt seid. Du brauchst vielleicht die bedingungslose Hingabe des anderen, damit du dich geliebt fühlst; und der andere braucht deine Kraft, deinen Mut, deine pure Anwesenheit, um seine eigene Angst nicht zu spüren.

Das ist nicht gesund, weil es dabei nicht wirklich um Liebe geht.

Hier sind einige Unterschiede zwischen Coabhängigkeit (so nennt man das, wenn man sich durch alte Emotionalverträge binden lässt) und Genesung. Ich schreibe das mit freundlicher Genehmigung der anonymen Selbsthilfegruppe CoDA leicht verändert aus ihrer Literatur ab:

* In der Coabhängigkeit hängen meine guten Gefühle davon ab, dass du mich magst. In der Genesung hängen meine guten Gefühle davon ab, dass ich mich mag.
* In der Coabhängigkeit hängen meine guten Gefühle von deiner Achtung meiner Person ab. In der Genesung hängen meine guten Gefühle von meiner Selbstachtung ab.

* In der Coabhängigkeit beeinflusst dein Kampf meine Ruhe und Gelassenheit. In der Genesung spielt dein Kampf für mich eine Rolle, weil ich mich um dich sorge, aber er bestimmt nicht, wie ich über mich selbst empfinde.

* In der Coabhängigkeit wird meine Selbstachtung dadurch gestärkt, dass ich deine Probleme löse und deine Muster erkenne. In der Genesung kommt meine Selbstachtung daher, dass ich meine Probleme löse und manchmal meine Muster erkenne.

* In der Coabhängigkeit konzentriert sich meine Aufmerksamkeit darauf, dir zu gefallen. In der Genesung gefalle ich mir, selbst wenn es dir nicht gefällt.

* In der Coabhängigkeit konzentriere ich mich darauf, dich zu schützen. In der Genesung schütze ich mich, selbst wenn ich dich dadurch manchmal ungeschützt lasse; ich weiß, dass du auf dich selbst aufpassen kannst.

* In der Coabhängigkeit verstecke ich meine Gefühle, indem ich dich manipuliere, die Dinge auf meine Weise zu tun. In der Genesung sage ich die Wahrheit über meine Gefühle, unabhängig von den Konsequenzen.

* In der Coabhängigkeit schiebe ich meine Hobbys und Interessen beiseite. Deine Interessen stehen im Vordergrund. In der Genesung gehe ich meinen Hobbys und Interessen nach, selbst wenn das bedeutet, eine gewisse Zeit von dir getrennt zu verbringen.

* In der Coabhängigkeit schreibe ich dir deine Kleidung, dein Verhalten und deine Erscheinung vor, denn du bist eine Spiegelung meiner Person. In der Genesung lasse ich zu, dass du dich kleidest, verhältst und erscheinst, wie du es möchtest, unabhängig davon, wie ich mich dabei fühle.

* In der Coabhängigkeit weiß ich nicht, was ich will: Ich frage dich und bin mir nur dessen bewusst, was du willst. In der Genesung kenne ich nicht nur meine Wünsche und Bedürfnisse; ich spreche sie auch aus und handle, um sie zu erfüllen.

* In der Coabhängigkeit sind die Träume, die ich von der Zukunft habe, untrennbar mit dir verbunden. In der Genesung gehören meine Träume mir, auch wenn du darin nicht vorkommst.

* In der Coabhängigkeit bestimmt die Furcht vor deiner Wut, was ich sage und tue. In der Genesung habe ich keine Kontrolle über deine Wut – und sie hat keine Kontrolle über mich.

* In der Coabhängigkeit nutze ich das Geben, um mich in der Beziehung sicher zu fühlen. In der Genesung kann ich geben, wenn es mir Freude macht, es aber auch lassen, weil es nicht der Sicherheit dient.

* In der Coabhängigkeit verringern sich meine sozialen Kontakte, sobald ich mich mit dir einlasse. In der Genesung hoffe ich, dass du meine Freunde magst. Wenn nicht, werde ich es verstehen und akzeptieren, mich aber weiterhin mit ihnen treffen.

* In der Coabhängigkeit lege ich meine Werte beiseite, um mit dir zusammen zu sein. In der Genesung gehören meine Werte mir. Als Kern meines Seins sind sie unumstößlich.

* In der Coabhängigkeit schätze ich deine Meinung und deine Art, Dinge zu tun, höher ein als meine. In der Genesung schätze ich deine Art und dein Verhalten, aber nicht auf Kosten meiner eigenen.

* In der Coabhängigkeit steht die Qualität meines Lebens in untrennbarem Zusammenhang mit deiner Lebensqualität.

In der Genesung gibt es klare Grenzen, die meine Lebensqualität von deiner unterscheiden und trennen.

* In der Coabhängigkeit sage ich alles frei heraus, suche Intimität gleich beim ersten Treffen, verliebe mich, ohne wirkliche Informationen darüber zu haben, wer du bist und was du zu einer Beziehung beitragen kannst und willst. In der Genesung lasse ich mir Zeit, lasse eine Freundschaft wachsen. Ich bin nicht von dir überwältigt und kann unangemessenes Verhalten erkennen und darauf reagieren.

* In der Coabhängigkeit übernehme ich automatisch die Verantwortung, wenn es sonst keiner tut, indem ich sage: »Einer muss es ja machen.« »Einer« bin immer ich. In der Genesung spüre ich, dass ich die Wahl habe, indem ich es an eine höhere Macht abgebe und darauf vertraue, dass für den anderen gesorgt ist, auch wenn es nicht durch mich geschieht.

Zu lieben erfordert Mut, Selbstverantwortung und die Bereitschaft, dich auf deine eigenen Gefühle einzulassen, den anderen nicht zu kontrollieren, sondern zu spüren, wie du auf sein Verhalten reagierst, und ihn nicht dafür verantwortlich zu machen. Es ist deine Reaktion, dein Gefühl, genauso wie die Gefühle der anderen deren Sache sind.

Wenn du lernst, für dich zu sorgen und darauf zu achten, was du brauchst, dann kannst du auch die Verantwortung für das, was du fühlst, übernehmen und brauchst dem anderen nicht die »Schuld« in die Schuhe zu schieben. Kümmere dich bitte um dein Inneres Kind. Darüber schreibe ich hier nur ganz wenig, weil ich mich an anderer Stelle sehr ausführlich darüber äußere.

Wenn du tatsächlich immer wieder verletzt wirst, wird es vielleicht Zeit, dich von der entsprechenden Situation (nicht unbedingt von dem Menschen, obwohl auch das manchmal der Weg ist) zu verabschieden. Wozu durchlebst du das immer wieder?

Vielleicht wird es aber auch Zeit, dir anzuschauen, welche alten Wunden in dir immer wieder aufgerissen werden, besonders, wenn du dich sehr häufig verletzt fühlst, ohne dass der andere es so gemeint hat. Wo gibst du immer wieder deine Kraft ab?

Scheue dich nicht, dir Hilfe zu holen, wenn du das Gefühl hast, du könntest sie brauchen. Die Idee, dass du alles allein schaffen musst, hast du längst hinter dir gelassen, nicht?

Wenn du jetzt eine Übung zu diesem Thema machen willst, hier biete ich dir eine an:

DER WEG DER LIEBE

Entspanne dich ein wenig, rufe deinen Schutzengel, und wenn er erscheint, gehe in Gedanken in eine Situation, in der du die altbekannte Verletzung spürst – egal, in welche, sie sind austauschbar.

Nun bitte deine höhere Kraft, deinen Schutzengel oder deine Seele, dir zu zeigen, wo du deiner Lebendigkeit nicht mehr gefolgt bist. Wo genau hast du dich selbst wider besseres, allerdings vielleicht unbewusstes, Wissen verleugnet, um anderen zu gefallen, um keinen Krach zu bekommen, um deine emotionalen Verträge zu erfüllen? Wo hast du aus Angst gehandelt, nicht aus Liebe? (Vorsicht, manchmal tarnt sich Angst als Liebe, zum Beispiel bei alten Verträgen.)

Wo hast du nicht deine Wahrheit gesagt, dein Nein oder Ja ausgedrückt? Wo hättest du gehen sollen und bist geblieben, oder wo bist du weggelaufen, obwohl du die Situation und deine Gefühle hättest durchstehen sollen? An welcher Stelle hast du Augen und Ohren verschlossen und wolltest nicht wahrhaben, was geschieht?

Wir sind für unser Verhalten verantwortlich. Wenn wir aus Angst wegsehen oder unsere Gefühle verleugnen, ist das unsere eigene Entscheidung.

Nun bitte deinen Schutzengel oder deine innere Führung, dir zu zeigen, was im Sinne deiner Lebendigkeit richtig gewesen wäre, auch wenn du dich damals nicht so verhalten konntest. Wenn du damals im Vollbesitz deiner spirituellen Kräfte gewesen wärst, was hättest du anders gemacht? Was hätten dir dein Gefühl und dein inneres Wissen geraten?

Vertraue wirklich auf das, was du spürst, schiebe es nicht wieder weg.

Und was bedeutet das für dich jetzt, wie kannst du das heute umsetzen?

Viele emotionale Verträge kommen nur dadurch zustande, dass wir uns selbst in einem Punkt verleugnen, nicht aus Liebe, sondern aus Angst handeln. Dann brauchen wir andere, um uns sicher und stabil zu fühlen. Aber du kannst das ändern, du kannst es rückgängig machen, den Vertrag kündigen und deinen Weg nun so fortsetzen, wie es deine Seele will.

Bitte deinen Schutzengel, dich auf deinen Weg zurückzuführen. Vielleicht bist du in einer Sackgasse gelandet, das passiert immer wieder, wenn wir den Weg der Angst gehen, weil er nun einmal eine Sackgasse ist.

Lache darüber, drehe dich um, und wandere auf dem Pfad der Liebe weiter. Jedes Mal, wenn du das

Gefühl hast, in einer Sackgasse angekommen zu sein, frage dich, deine geistigen Lehrer und Führer oder deine Engel von nun an: »Mit welcher Entscheidung bin ich auf den Weg der Angst abgebogen? Auf welche Weise kann ich zur Liebe und zur Lebendigkeit zurückkehren?«

Höre die Antwort, und trage sie mit mehr oder weniger Fassung. Meistens schämen wir uns ziemlich, wenn wir merken, dass wir aus Angst gehandelt haben. Wir wissen, dass wir nicht besonders mutig und selbstverantwortlich reagiert haben. Aber das passiert, es ist okay. Höre von nun an einfach auf damit, so gut du eben kannst.

Bitte um Kraft und Mut, verbinde dich mit deinem Herzen, und gehe in Liebe weiter.

Es ist zum Glück nie zu spät. Selbst wenn keiner der beteiligten Menschen mehr lebt, kannst du die Situation verändern, indem du darum bittest, auf den Weg der Liebe zurückgeführt zu werden. Egal, wie weit du in die Sackgasse der Angst hineingelaufen bist, der Weg zurück ist immer einfach, und tief in dir weißt du sowieso schon längst, was zu tun ist.

Einfach, aber nicht leicht, sagen die Anonymen Alkoholiker, und so ist es.

Aber du weißt ja, du darfst, wann immer du willst, um Kraft bitten. Und sei ganz sicher: Es gibt für all die geistigen Kräfte nichts Schöneres, als uns Menschen auf den leuchtenden Weg der Liebe zurückzuführen, ganz gleich, wie oft sie das für uns tun. Das ist ihre Aufgabe, deshalb hat unsere Seele sie uns geschickt, damit erfüllen sie ihre Bestimmung.

Wenn du merkst, du rutschst gegen dein besseres Wissen immer wieder in die gleichen Situationen hinein, suchst dir

Freundinnen, die dich als Mülleimer gebrauchen, Frauen, die dich nach ein paar Wochen verlassen, Männer, die nicht wirklich erreichbar sind, Jobs, in denen du überfordert und unterbezahlt bist, dann hast du in diesem Bereich vielleicht eine Suchtstruktur.

SÜCHTIGES VERHALTEN ERKENNEN UND LOSLASSEN

Es gibt Situationen, mit denen kann ich nicht umgehen, ich kann es auch nicht lernen, ich kann mich nur enthalten, weil ich süchtig darauf reagiere.

Ich weiß genau, ich handle gegen mein Gefühl, ich weiß, es tut mir nicht gut, ich will es nicht, und dennoch tue ich es. Ich weiß sogar, wo es herkommt, aber deshalb kann ich es noch lange nicht lassen.

Eine für mich völlig suchtauslösende Situation ist, mich zu überarbeiten. Ich spüre mich nicht mehr, reagiere gereizt, habe Schulterschmerzen, fühle mich als Opfer, habe Angst, irgendwann nicht mehr so viel arbeiten zu können und vor allem zu wollen. Die Ursache dafür ist meine tiefe Angst, nicht versorgt zu sein, wenn ich nicht darum kämpfe – und woher das kommt, weiß ich auch.

Wenn ich mir erlaube, weniger zu arbeiten und mich nicht bis an eine mir selbst gesetzte Grenze zu überfordern, kommt die Angst, kein Geld mehr zu haben, nicht mehr für mich und meine Liebsten sorgen zu können.

Der Weg da heraus ist das, was die Anonymen Alkoholiker »Abstinenz« nennen. Damit meinen sie, unter allen Umständen das süchtige Verhalten zu

145

lassen und um die Kraft zu bitten, die Gefühle, die Leere, die Angst, die dann kommen, auszuhalten. Lasse das erste Glas stehen, was immer dein erstes Glas ist.

Also höre auf, zu arbeiten, wenn du spürst, es ist genug, und nicht erst, wenn du wirklich nicht mehr kannst.

Krankheiten und Geldsorgen aller mir sehr nahestehenden Menschen bringen mich in absolute Schwierigkeiten, weil ich sofort glaube, weit über meine Kräfte hinaus für sie da sein zu müssen, meinen Weg nicht mehr gehen zu können und zähneknirschend die Verantwortung für ihr Wohlergehen übernehmen zu müssen. Noch dazu fühle ich mich schuldig wegen dem »zähneknirschend«. Ich sollte das doch gern und aus Liebe tun, eben als gute Tochter, Freundin, Ehefrau, als guter Mensch.

Ich traue mir nicht. Ich befürchte, mich in bestimmten Situationen selbst aufzugeben, weil ich das schon oft genug getan habe. Das ist süchtiges Verhalten, Coabhängigkeit. Ich lasse andere nicht ihren Weg gehen, sondern ich springe ein, auch wenn ich gar nicht gefragt werde. Aber nicht, weil ich so ein gütiger Engel bin, sondern weil ich es nicht aushalte, sie vermeintlich leiden zu sehen. Doch die Kraft, etwas zu ändern, wenn sie es ändern wollen, liegt bei ihnen, nicht bei mir, da hilft auch das ganze Gequatsche nichts.

Ich will wiedergutmachen, was das Leben ihnen zumutet, anstatt mich um mich zu kümmern, und mute mir damit selbst viel zu viel zu. Natürlich mache ich an mir selbst überhaupt nichts wieder gut, ich halte das schon aus.

Hörst du, was ich damit sage? Ich bin stärker als die, für die ich glaube, sorgen zu müssen. Ist das nicht herrlich arrogant? Das ist der »Sekundärgewinn«, ich komme mir dann irgendwie besser vor. Kennst du das?

Der größte Teil unserer Gesellschaft ist coabhängig. Aber selbst wenn es noch so weit verbreitet ist: Es ist eine Krankheit.

Hier sind Sätze, die ganz oder teilweise auf dich zuträfen, wenn du coabhängig wärst. Schaue selbst, ob sie von dir stammen könnten.

* Ich bewerte Ansichten und Gefühle anderer höher als meine eigenen aus Angst vor Ablehnung und Abwertung.
* Ich halte mich für völlig selbstlos und dem Wohl anderer verpflichtet.
* Ich habe Schwierigkeiten, Anerkennung, Lob und Geschenke anzunehmen.
* Ich verleugne meine eigenen Werte, um nicht von anderen abgelehnt zu werden.
* Ich habe Schwierigkeiten, zu erkennen, was ich fühle.
* Ich bleibe zu lange in für mich schädlichen Beziehungen und Situationen.
* Ich muss »gebraucht« werden, um dadurch meine Lebensberechtigung zu erfahren.

Wenn du auch bei dir eine Suchtstruktur bemerkst, dann suche dir Hilfe. Aus einer Sucht auszusteigen, nicht nur das süchtige Verhalten zu lassen, sondern wirklich zu genesen, schafft man nicht allein. Das ist auch vollkommen unnötig.

Das Problem des süchtigen Verhaltens liegt darin, dass es eine Art Warteschleife ist. Du gehst nicht weiter, lebst dein Leben nicht wirklich, sondern drehst dich im Kreis – und du fühlst dich auch so. Du bist nicht in deiner Kraft und lebst weit unter deinen Möglichkeiten, weil deine Aufmerksamkeit »gebannt« ist.

Um langfristige Veränderungen zu bewirken, um auf Dauer mehr Kraft, Energie und Lebensfreude zu bekommen, müssen wir lernen, alles zu lassen, was sie uns raubt.

Beschäftige dich also bitte mit Coabhängigkeit, wenn du dich hier erkannt fühlst.

Was aber kannst du für dich tun, wenn du süchtige Beziehungsstrukturen in dir erkennst?

* Beende den Kampf um Liebe, und gib dich geschlagen.
* Lerne, für dein Inneres Kind zu sorgen, und richte ihm einen sicheren inneren Raum ein.
* Trenne dich und dein Inneres Kind von den dunklen Beziehungsschnüren, die dich mit der Person oder Situation verbinden.
* Verlasse die Situation. Kannst du das nicht, so begrenze das Treffen auf eine vorher festgelegte Zeit.
* Suche dir Hilfe.

NACHWORT

So, das war's. Du hast nun eine Fülle von Möglichkeiten kennengelernt, selbstbestimmter, erfüllter und gesünder zu leben.

Wie kannst du das jetzt umsetzen? Wie kann ich dafür sorgen, dass du dieses Buch nicht nur liest und in den Schrank stellst als einen weiteren spirituellen Ratgeber, der dein Leben aber nicht wirklich verändert? Was kann ich tun, damit du die Übungen auch wirklich machst – zumindest eine davon?

Ehrlich gesagt, gar nichts. Ich hoffe so sehr, du spürst die Liebe und Fürsorge, mit der ich dieses Buch geschrieben habe. Vielleicht gibt es dir die Kraft, anzufangen, aber wenn nicht, dann ist unser gemeinsamer Weg hier beendet. Dann gibt es einen anderen, besseren für dich. Und du wirst ihn finden.

Ich danke dir für die Zeit, die du dir für meine Ausführungen genommen hast. Und ich wünsche dir alles, alles Liebe und Gute für deinen Weg, so viel Licht und Kraft, wie du nur zulassen und bekommen kannst.

Vielleicht kannst und willst du aber auch tatsächlich die eine oder andre Übung für dich nutzen. Vielleicht findest du mehr Freude und Lebendigkeit bei dem, was ich dir schreibe. Das würde mich sehr freuen.

Möge dieses Buch all die Liebe, die Freude und die Kraft in die Welt senden, die ich beim Schreiben immer wieder gespürt habe. Möge es ein Beitrag sein zu mehr Frieden, Glück, Selbstverantwortung und Licht auf diesem wunderbaren Planeten. So sei es.

ANHANG

SUCHT-SELBSTHILFEGRUPPEN

Bei den folgenden Gruppen findest du Unterstützung bei den verschiedensten Suchtproblemen. Sie arbeiten alle nach dem 12-Schritte-Selbsthilfeprogramm. Es gibt sie in fast allen Städten; Telefonnummern erhältst du bei NAKOS (siehe unten).

* AA (Anonyme Alkoholiker)
* NA (Narcotics Anonymous, anonyme Drogenabhängige)
* CoDA (Codependants Anonymous, anonyme Coabhängige und Beziehungssüchtige)
* SLAA (Sex- and Love Addicts Anonymous, anonyme Sex- und Liebessüchtige)
* AS (Anonyme Sexsüchtige)
* OA (Overeaters Anonymous, anonyme Esssüchtige; Magersüchtige und Bulimiker sind willkommen)
* GA (Gamblers Anonymous, anonyme Spielsüchtige)
* EA (Emotions Anonymous, anonyme Gruppe für Menschen, die nicht mit ihren Gefühlen umgehen können)
* Al Anon (erwachsene Kinder von Alkoholikern, Angehörige von Suchtkranken)
* Alateen (Kinder von Alkoholikern)

Nationale Kontakt- und Informationsstelle zu allen Selbsthilfegruppen ist NAKOS. Diese Kontaktstelle gibt keine Informationen über die Gruppen selbst, sie führt auch keine

Beratungsgespräche durch, sondern vermittelt nur die Adressen der Ortsgruppen.

NAKOS
Otto-Suhr-Allee 115
10585 Berlin-Charlottenburg
Telefon 030 | 31 01 89 80
Fax: 030 | 31 01 89 70
E-Mail: selbsthilfe@nakos.de
Internet: www.nakos.de

Viele Selbsthilfegruppen haben Internetseiten. Du findest sie am schnellsten, wenn du sie über eine Suchmaschine eingibst.

ÜBER DIE AUTORIN

Susanne Hühn ist ausgebildete Lebensberaterin und ganzheitliche Physiotherapeutin. Sie schreibt spirituelle Selbsthilfebücher und gibt Lebensberatung, Channelings sowie Meditationskurse für Erwachsene und Kinder. Seit 1986 begleitet sie Menschen auf ihrem Weg zur Gesundung. Mit dem Schreiben begann sie 1992. Zuerst schrieb sie spirituelle Romane, dann vermittelte sie ihr Wissen in Sachbüchern und auf CDs, die sie mittlerweile in großer Zahl veröffentlicht hat.

www.susannehuehn.de